J. 1557.
A.3.

C. Eisen invenit. De la Fosse sculpsit.

CONSIDÉRATIONS
SUR LES CAUSES
DE LA
GRANDEUR
DES
ROMAINS,
ET DE LEUR
DÉCADENCE.

Nouvelle Edition, revue, corrigée & augmentée par l'Auteur.

A laquelle on a joint un DIALOGUE DE SYLLA ET D'EUCRATE.

A PARIS, RUE S. JACQUES,
Chez HUART & MOREAU fils, Libraires de LA REINE & Libraires-Imprimeurs de Monseigneur LE DAUPHIN, à la Justice & au grand Saint Basile.

M. DCC. XLVIII.

TABLE
DES CHAPITRES.

CHAP. I. Commencemens de Rome. 2. Ses Guerres, Page 1

CHAP. II. De l'Art de la Guerre chez les Romains, 15

CHAP. III. Comment les Romains purent s'aggrandir, 24

CHAP. IV. 1. Des Gaulois. 2. De Pyrrhus. 3. Paralléle de Carthage & de Rome. 4. Guerre d'Annibal, 30

CHAP. V. De l'état de la Gréce, de la Macédoine, de la Syrie & de l'Egypte, après l'abaissement des Carthaginois, 48

CHAP. VI. De la conduite que les Romains tinrent pour soumettre tous les Peuples, 66

CHAP. VII. Comment Mithridate put leur résister, 85

CHAP. VIII. Des Divisions qui furent toujours dans la Ville, 90

CHAP. IX. Deux causes de la perte de Rome, 101

CHAP. X. De la corruption des Romains, 110

TABLE DES CHAPITRES.

CHAP. XI. 1. *De Sylla.* 2. *De Pompée & de César,* 114

CHAP. XII. *De l'état de Rome après la mort de César,* 135

CHAP. XIII. *Auguste,* 144

CHAP. XIV. *Tibere,* 159

CHAP. XV. *Des Empereurs, depuis Caïus Caligula, jusqu'à Antonin,* 167

CHAP. XVI. *De l'état de l'Empire depuis Antonin jusqu'à Probus,* 184

CHAP. XVII. *Changement dans l'Etat,* 203

CHAP. XVIII. *Nouvelles Maximes prises par les Romains,* 217

CHAP. XIX. 1. *Grandeur d'Attila.* 2. *Cause de l'établissement des Barbares.* 3. *Raisons pourquoi l'Empire d'Occident fut le premier abattu,* 228

CHAP. XX. 1. *Des conquêtes de Justinien.* 2. *De son Gouvernement,* 242

CHAP. XXI. *Désordres de l'Empire d'Orient,* 257

CHAP. XXII. *Foiblesse de l'Empire d'Orient,* 266

CHAP. XXIII & dernier. 1. *Raison de la durée de l'Empire d'Orient.* 2. *Sa destruction,* 286

CONSIDERATIONS

CONSIDÉRATIONS
SUR LES CAUSES
DE LA GRANDEUR
DES ROMAINS,
ET
DE LEUR DÉCADENCE.

CHAPITRE PREMIER.

1. Commencemens de Rome. 2. Ses Guerres.

L ne faut pas prendre de la Ville de Rome, dans ses commencemens, l'idée que nous donnent les Villes que nous voyons aujourd'hui, à moins que ce ne soit de celles de la Crimée, fai-

A

tes pour renfermer le butin, les bestiaux, & les fruits de la Campagne. Les noms anciens des principaux lieux de Rome ont tous du rapport à cet usage.

La Ville n'avoit pas même de rues, si l'on n'appelle de ce nom la continuation des chemins qui y aboutissoient. Les maisons étoient placées sans ordre, & très-petites ; car les hommes, toujours au travail ou dans la Place publique, ne se tenoient gueres dans les maisons.

Mais la grandeur de Rome parut bien-tôt dans ses Edifices publics. Les Ouvrages (1) qui ont donné & qui donnent encore aujourd'hui la plus haute idée de sa puissance, ont été faits sous les Rois. On commençoit déja à bâtir la Ville Eternelle.

Romulus & ses Successeurs furent presque toujours en guerre avec leurs voisins, pour avoir des Citoyens, des Femmes ou des Terres : ils revenoient dans la Ville avec les dépouilles des

___
(1) Voyez l'étonnement de Denys d'Halicarnasse sur les Egoûts faits par Tarquin ; *Ant. Rom. liv.* 3. Il subsiste encore.

Peuples vaincus ; c'étoient des gerbes de bled & des troupeaux : cela y causoit une grande joie. Voilà l'origine des Triomphes, qui furent dans la suite la principale cause des Grandeurs où cette Ville parvint.

Rome accrut beaucoup ses forces par son union avec les Sabins, Peuples durs & belliqueux, comme les Lacédémoniens dont ils étoient descendus. ROMULUS (1) prit leur Bouclier qui étoit large, au lieu du petit Bouclier Argien dont il s'étoit servi jusqu'alors : & on doit remarquer que ce qui a le plus contribué à rendre les Romains les Maîtres du Monde, c'est qu'ayant combattu successivement contre tous les Peuples, ils ont toujours renoncé à leurs usages si-tôt qu'ils en ont trouvé de meilleurs.

On pensoit alors dans les Républiques d'Italie, que les Traités qu'elles avoient faits avec un Roi ne les obligeoient point envers son successeur; c'étoit pour elles une espece de Droit des Gens (2) : ainsi tout ce qui avoit été

(1) Plutarque, *Vie de Romulus*.
(2) Cela paroît par toute l'Histoire des Rois de Rome.

soumis par un Roi de Rome, se prétendoit libre sous un autre, & les guerres naissoient toujours des guerres.

Le regne de Numa, long & pacifique, étoit très-propre à laisser Rome dans sa médiocrité; & si elle eût eu dans ce temps-là un territoire moins borné, & une puissance plus grande, il y a apparence que sa fortune eût été fixée pour jamais.

Une des causes de sa prospérité, c'est que ses Rois furent tous de grands personnages. On ne trouve point ailleurs, dans les Histoires, une suite non interrompue de tels hommes d'Etat & de tels Capitaines.

Dans la naissance des Sociétés, ce sont les Chefs des Républiques qui font l'institution; & c'est ensuite l'institution qui forme les Chefs des Républiques.

Tarquin prit la Couronne, sans être élu par le Sénat (1), ni par le Peuple. Le pouvoir devenoit héréditaire: il le rendit absolu. Ces deux révolu-

---

(1) Le Sénat nommoit un Magistrat de l'interrégne, qui elisoit le Roi: cette élection devoit être confirmée par le Peuple. Voyez Denys d'Halic. *liv.* 2, 3. & 4.

tions furent bien-tôt suivies d'une troisiéme.

Son fils SEXTUS, en violant LUCRECE, fit une chose qui a presque toujours fait chasser les Tyrans des Villes où ils ont commandé ; car le Peuple, à qui une action pareille fait si bien sentir sa servitude, prend d'abord une résolution extrême.

Un Peuple peut aisément souffrir qu'on exige de lui de nouveaux tributs ; il ne sçait pas s'il ne retirera point quelque utilité de l'emploi qu'on fera de l'argent qu'on lui demande : mais, quand on lui fait un affront, il ne sent que son malheur, & il y ajoute l'idée de tous les maux qui sont possibles.

Il est pourtant vrai que la mort de Lucrece ne fut que l'occasion de la révolution qui arriva ; car un Peuple fier, entreprenant, hardi, & renfermé dans des murailles, doit nécessairement secouer le joug, ou adoucir ses mœurs.

Il devoit arriver de deux choses l'une ; ou que Rome changeroit son gouvernement, ou qu'elle resteroit une petite & pauvre Monarchie.

L'Histoire moderne nous fournit un

exemple de ce qui arriva pour lors à Rome, & ceci est bien remarquable: car comme les hommes ont eu dans tous les temps les mêmes passions; les occasions qui produisent les grands changemens sont différentes, mais les causes sont toujours les mêmes.

Comme HENRI VII, Roi d'Angleterre, augmenta le pouvoir des Communes pour avilir les Grands; SERVIUS TULLIUS, avant lui, avoit étendu les Priviléges du Peuple (1) pour abaisser le Sénat: Mais le Peuple, devenu d'abord plus hardi, renversa l'une & l'autre Monarchie.

Le portrait de TARQUIN n'a point été flaté; son nom n'a échapé à aucun des Orateurs qui ont eu à parler contre la Tyrannie: Mais sa conduite avant son malheur que l'on voit qu'il prévoyoit, sa douceur pour les Peuples vaincus, sa libéralité envers les Soldats, cet art qu'il eut d'intéresser tant de gens à sa conservation, ses Ouvrages publics, son courage à la guerre, sa constance dans son malheur, une

(1) Voyez Zonare, & Denys d'Halicarnass. *liv.* 4.

guerre de vingt ans qu'il fit ou qu'il fit faire au Peuple Romain, sans Royaume & sans biens, ses continuelles ressources, font bien voir que ce n'étoit pas un homme méprisable.

Les Places que la postérité donne, sont sujettes comme les autres aux caprices de la fortune : malheur à la réputation de tout Prince qui est opprimé par un parti qui devient le dominant, ou qui a tenté de détruire un préjugé qui lui survit.

Rome ayant chassé les Rois, établit des Consuls annuels ; c'est encore ce qui la porta à ce haut dégré de puissance. Les Princes ont dans leur vie des périodes d'ambition ; après quoi d'autres passions, & l'oisiveté même succedent : mais la République ayant des Chefs qui changeoient tous les ans, & qui cherchoient à signaler leur Magistrature pour en obtenir de nouvelles, il n'y avoit pas un moment de perdu pour l'ambition ; ils engageoient le Sénat à proposer au Peuple la guerre, & lui montroient tous les jours de nouveaux Ennemis.

Ce Corps y étoit déja assez porté de

lui-même : car étant fatigué sans cesse par les plaintes & les demandes du Peuple, il cherchoit à le distraire de ses inquiétudes, & à l'occuper au dehors (1).

Or la guerre étoit presque toujours agréable au Peuple, parce que, par la sage distribution du butin, on avoit trouvé le moyen de la lui rendre utile.

Rome étant une Ville sans Commerce, & presque sans Arts, le pillage étoit le seul moyen que les particuliers eussent pour s'enrichir.

On avoit donc mis de la discipline dans la maniere de piller ; & on y observoit à peu près le même ordre qui se pratique aujourd'hui chez les petits Tartares.

Le butin étoit mis en commun (2), & on le distribuoit aux Soldats : Rien n'étoit perdu, parce qu'avant de partir, chacun avoit juré qu'il ne détourneroit rien à son profit. Or les Romains étoient le Peuple du monde le plus religieux sur le serment, qui fut toujours

(1) D'ailleurs l'autorité du Sénat étoit moins bornée dans les affaires du dehors, que dans celles de la Ville.
(2) Voyez Polybe, *liv.* 10.

le nerf de leur discipline militaire.

Enfin les Citoyens qui restoient dans la Ville, jouissoient aussi des fruits de la Victoire. On confisquoit une partie des terres du Peuple vaincu, dont on faisoit deux parts : l'une se vendoit au profit du Public ; l'autre étoit distribuée aux pauvres Citoyens, sous la charge d'une rente en faveur de la République.

Les Consuls ne pouvant obtenir l'honneur du Triomphe, que par une Conquête ou une Victoire, faisoient la guerre avec une impétuosité extrême : on alloit droit à l'ennemi, & la force décidoit d'abord.

Rome étoit donc dans une guerre éternelle & toujours violente : Or une Nation toujours en guerre & par principe de gouvernement, devoit nécessairement périr, ou venir à bout de toutes les autres, qui, tantôt en guerre, tantôt en paix, n'étoient jamais si propres à attaquer, ni si préparées à se défendre.

Par-là les Romains acquirent une profonde connoissance de l'Art militaire : dans les guerres passageres, la plupart des exemples font perdus ; la paix donne d'autres idées, & on oublie ses fautes, & ses vertus mêmes.

Une autre suite du principe de la guerre continuelle, fut, que les Romains ne firent jamais la paix que vainqueurs : En effet, à quoi bon faire une paix honteuse avec un Peuple, pour en aller attaquer un autre ?

Dans cette idée, ils augmentoient toujours leurs prétentions à mesure de leurs défaites ; par-là ils consternoient les vainqueurs, & s'imposoient à euxmêmes une plus grande nécessité de vaincre.

Toujours exposés aux plus affreuses vengeances, la Constance & la Valeur leur devinrent nécessaires ; & ces vertus ne purent être distinguées chez eux de l'amour de soi-même, de sa famille, de sa patrie, & de tout ce qu'il y a de plus cher parmi les hommes.

Les Peuples d'Italie n'avoient aucun (1) usage des machines propres à faire

(1) Denys d'Halicarnasse le dit formellement *liv.* 9. & cela paroît par l'Histoire. Ils ne sçavoient point faire de galleries pour se mettre à couvert des Assiégés ; ils tâchoient de prendre les Villes par escalade. Ephorus a écrit

les siéges; & de plus les Soldats n'ayant point de paye, on ne pouvoit pas les retenir long-temps devant une place: ainsi peu de leurs guerres étoient décisives. On se battoit pour avoir le pillage du Camp ennemi, ou de ses terres; après quoi le vainqueur & le vaincu se retiroient chacun dans sa Ville. C'est ce qui fit la résistance des Peuples d'Italie, & en même temps l'opiniâtreté des Romains à les subjuguer; c'est ce qui donna à ceux-ci des victoires qui ne les corrompirent point, & qui leur laisserent toute leur pauvreté.

S'ils avoient rapidement conquis toutes les Villes voisines, ils se seroient trouvés dans la décadence à l'arrivée de Pyrrhus, des Gaulois, & d'Annibal; & par la destinée de presque tous les Etats du Monde, ils auroient passé trop vîte de la pauvreté aux richesses, & des richesses à la corruption.

Mais Rome faisant toujours des efforts, & trouvant toujours des obstacles, faisoit sentir sa puissance, sans pou-

qu'Artémon Ingénieur inventa les grosses machines pour battre les plus fortes murailles. Periclès s'en servit le premier au siége de Samos, dit Plutarque, *Vie de Periclès*.

voir l'étendre; & dans une circonférence très-petite, elle s'exerçoit à des vertus qui devoient être si fatales à l'Univers.

Tous les Peuples d'Italie n'étoient pas également belliqueux : les Toscans étoient amollis par leurs richesses & par leur luxe ; les Tarentins, les Capouans, presque toutes les Villes de la Campanie & de la grande Grece, languissoient dans l'oisiveté & dans les plaisirs. Mais les Latins, les Herniques, les Sabins, les Eques, & les Volsques aimoient passionnément la guerre; ils étoient autour de Rome; ils lui firent une résistance inconcevable, & furent ses maîtres en fait d'opiniâtreté.

Les Villes Latines étoient des Colonies d'Albe, qui furent fondées (1) par LATINUS SYLVIUS : outre une origine commune avec les Romains, elles avoient encore des Rites communs; & SERVIUS TULLIUS (2) les avoit engagées à faire bâtir un Temple dans Rome, pour être le centre de l'union

(1) Comme on le voit dans le Traité intitulé *Origo Gentis Romanæ*, qu'on croit être d'Aurelius Victor.
(2) Denys d'Halicarnasse, *liv. 4.*

des deux Peuples. Ayant perdu une CHAP. grande bataille auprès du Lac Régille, I. elles furent soumises à une alliance & une société (1) de guerres avec les Romains.

On vit manifestement, pendant le peu de temps que dura la tyrannie des Decemvirs, à quel point l'aggrandissement de Rome dépendoit de sa Liberté. L'Etat sembla avoir perdu (2) l'ame qui le faisoit mouvoir.

Il n'y eut plus dans la Ville que deux sortes de gens, ceux qui souffroient la servitude, & ceux qui pour leurs intérêts particuliers cherchoient à la faire souffrir. Les Sénateurs se retirerent de Rome comme d'une Ville étrangere; & les Peuples voisins ne trouverent de résistance nulle part.

Le Sénat ayant eu le moyen de donner une paye aux Soldats, le siége de Veïes fut entrepris; il dura dix ans. On vit un nouvel Art chez les Romains, & une autre maniere de faire la guerre;

(1) Voyez dans Denys d'Halicarnasse, *liv.* 6. un des Traités faits avec eux.
(2) Sous prétexte de donner au Peuple des Loix écrites, ils se saisirent du Gouvernement. Voyez Denys d'Halicarnasse, *liv.* 11.

leurs succès furent plus éclatans, ils profiterent mieux de leurs victoires, ils firent de plus grandes Conquêtes, ils envoyerent plus de Colonies ; enfin la prise de Veïes fut une espece de révolution.

Mais les travaux ne furent pas moindres. S'ils porterent de plus rudes coups aux Toscans, aux Eques, & aux Volsques, cela même fit que les Latins & les Herniques leurs alliés, qui avoient les mêmes armes & la même discipline qu'eux, les abandonnerent ; que des Ligues se formerent chez les Toscans ; & que les Samnites, les plus belliqueux de tous les Peuples de l'Italie, leur firent la guerre avec fureur.

Depuis l'établissement de la paye, le Sénat ne distribua plus aux Soldats les Terres des Peuples vaincus : il imposa d'autres conditions ; il les obligea, par exemple, de fournir (1) à l'Armée une solde pendant un certain temps, de lui donner du bled & des habits.

La prise de Rome par les Gaulois ne lui ôta rien de ses forces : l'Armée, plus dissipée que vaincue, se retira pres-

(1) Voyez les Traités qui furent faits,

que entiere à Veïes; le Peuple se sauva dans les Villes voisines; & l'incendie de la Ville ne fut que l'incendie de quelques Cabanes de pasteurs.

CHAPITRE II.

De l'Art de la Guerre chez les Romains.

LEs Romains se destinant à la guerre, & la regardant comme le seul Art, ils mirent tout leur esprit & toutes leurs pensées à le perfectionner. C'est sans doute un Dieu, dit Vegece (1), qui leur inspira la Légion.

Ils jugerent qu'il falloit donner aux Soldats de la Légion des armes offensives & défensives, plus fortes & plus (2)

---

(1) L. 2. Ch. 1.
(2) Voyez dans Polybe & dans Josephe *de Bello Judaïco*, liv. 2. quelles étoient les armes du Soldat Romain. Il y a peu de différence, dit ce dernier, entre les chevaux chargés & les Soldats Romains. » Ils portent, dit Ciceron, « leur nourriture pour plus de 15 jours, tout ce « qui est à leur usage, tout ce qu'il faut pour « se fortifier; & à l'égard de leurs armes, ils « n'en sont pas plus embarrassés que de leurs « mains. *Tuscul. liv. 3.* «

pesantes que celles de quelque autre Peuple que ce fût.

Mais comme il y a des choses à faire dans la guerre dont un corps pesant n'est pas capable, ils voulurent que la Légion contînt dans son sein une troupe légere, qui pût en sortir pour engager le combat; &, si la nécessité l'exigeoit, s'y retirer; qu'elle eût encore de la Cavalerie, des hommes de trait, & des Frondeurs, pour poursuivre les fuyards & achever la victoire; qu'elle fût défendue par toute sorte de machines de guerre, qu'elle traînoit avec elle; que chaque fois elle se retranchât, & fût, comme dit Vegece (1), une espéce de place de guerre.

Pour qu'ils pussent avoir des armes plus pesantes que celles des autres hommes, il falloit qu'ils se rendissent plus qu'hommes; c'est ce qu'ils firent par un travail continuel qui augmentoit leur force, & par des exercices qui leur donnoient de l'adresse, laquelle n'est autre chose qu'une juste dispensation des forces que l'on a.

Nous remarquons aujourd'hui que

(1) Lib. 2, cap. 25.

nos Armées périssent beaucoup par le travail (1) immodéré des Soldats; & cependant c'étoit par un travail immense que les Romains se conservoient. La raison en est, je crois, que leurs fatigues étoient continuelles; au lieu que nos Soldats passent sans cesse d'un travail extrême à une extrême oisiveté, ce qui est la chose du monde la plus propre à les faire périr.

Il faut que je rapporte ici ce que les Auteurs (2) nous disent de l'éducation des Soldats Romains. On les accoutumoit à aller le pas militaire, c'est-à-dire, à faire en cinq heures vingt mille, & quelquefois vingt-quatre. Pendant ces marches, on leur faisoit porter des poids de soixante livres. On les entretenoit dans l'habitude de courir & de sauter tout armés; ils pre-

---

(1) Sur-tout par le fouillement des terres.
(2) Voyez Vegece, *l*. 1. Voyez dans Tite-Live, *l*. 26. les exercices que Scipion l'Afriquain faisoit faire aux Soldats après la prise de Carthage la neuve. Marius, malgré sa vieillesse, alloit tous les jours au Champ de Mars: Pompée, à l'âge de 58 ans, alloit combattre tout armé avec les jeunes gens; il montoit à cheval, couroit à bride abbatue, & lançoit ses javelots. Plutarque, *Vie de Marius & de Pompée*.

CHAP. II.

noient (1) dans leurs exercices des épées, des javelots, des fleches d'une pefanteur double des armes ordinaires; & ces exercices étoient continuels.

Ce n'étoit pas feulement dans le Camp qu'étoit l'Ecole militaire; il y avoit dans la Ville un lieu où les Citoyens alloient s'exercer (c'étoit le Champ de Mars); après le travail (2) ils fe jettoient dans le Tybre, pour s'entretenir dans l'habitude de nager, & nettoyer la pouffiere & la fueur.

Nous n'avons plus une jufte idée des exercices du corps : Un homme qui s'y applique trop, nous paroît méprifable, par la raifon que la plupart de ces exercices n'ont plus d'autre objet que les agrémens; au lieu que, chez les Anciens, tout, jufqu'à la danfe, faifoit partie de l'Art militaire.

Il eft même arrivé parmi nous qu'une adreffe trop recherchée dans l'ufage des armes dont nous nous fervons à la guerre, eft devenue ridicule ; parce que, depuis l'introduction de la coutume des combats finguliers, l'efcrime a été

(1) Vegece, *l. 1.*
(2) Vegece, *ibid.*

ET LEUR DÉCADENCE. 19
regardée comme la science des querelleurs ou des poltrons.

Ceux qui critiquent Homere de ce qu'il releve ordinairement dans ses Héros la force, l'adresse, ou l'agilité du corps, devroient trouver Salluste bien ridicule, qui loue POMPÉE (1) de ce qu'il couroit, sautoit, & portoit un fardeau aussi-bien qu'homme de son temps.

Toutes les fois que les Romains se crurent en danger, ou qu'ils voulurent réparer quelque perte, ce fut une pratique constante chez eux d'affermir la discipline militaire. Ont-ils à faire la guerre aux Latins, Peuples aussi aguerris qu'eux-mêmes? MANLIUS songe à augmenter la force du Commandement, & fait mourir son fils, qui avoit vaincu sans son ordre. Sont-ils battus à Numance? SCIPION EMILIEN les prive d'abord de tout ce qui les avoit amollis (2). Les Légions Romaines

(1) *Cùm alacribus saltu, cùm velocibus cursu, cùm validis vecte certabat.* Fragm. de Salluste, rapporté par Vegece, liv. 1. ch. 9.
(2) Il vendit toutes les bêtes de somme de l'Armée, & fit porter à chaque Soldat du bled pour trente jours, & sept pieux. *Somm. de Florus*, liv. 57.

ont-elles passé sous le joug en Numidie ? METELLUS répare cette honte, dès qu'il leur a fait reprendre les institutions anciennes. MARIUS, pour battre les Cimbres & les Teutons, commence par détourner les fleuves ; & SYLLA fait si bien (1) travailler les Soldats de son Amée effrayée de la guerre contre Mithridate, qu'ils lui demandent le combat comme la fin de leurs peines.

PUBLIUS NASICA, sans besoin, leur fit construire une armée Navale; on craignoit plus l'oisiveté que les Ennemis.

Aulugelle (2) donne d'assez mauvaises raisons de la coutume des Romains de faire saigner les Soldats qui avoient commis quelque faute : la vraie est que la force étant la principale qualité du Soldat, c'étoit le dégrader que de l'affoiblir.

Des hommes si endurcis étoient ordinairement sains : on ne remarque pas dans les Auteurs que les Armées Romaines, qui faisoient la guerre en tant de climats, périssent beaucoup par les

(1) Frontin, *Stratagem*. l. 1. ch. 11.
(2) L. 10. ch. 8.

maladies; au lieu qu'il arrive presque continuellement aujourd'hui, que des Armées, sans avoir combattu, se fondent, pour ainsi dire, dans une Campagne.

Parmi nous, les désertions sont fréquentes, parce que les Soldats sont la plus vile partie de chaque Nation, & qu'il n'y en a aucune qui ait ou qui croye avoir un certain avantage sur les autres. Chez les Romains, elles étoient plus rares: des Soldats tirés du sein d'un Peuple si fier, si orgueilleux, si sûr de commander aux autres, ne pouvoient gueres penser à s'avilir jusqu'à cesser d'être Romains.

Comme leurs Armées n'étoient pas nombreuses, il étoit aisé de pourvoir à leur subsistence; le Chef pouvoit mieux les connoître, & voyoit plus aisément les fautes & les violations de la discipline.

La force de leurs exercices, les chemins admirables qu'ils avoient construits, les mettoient en état de faire des marches (1) longues & rapides.

(1) Voyez sur-tout la défaite d'Asdrubal, & leur diligence contre Viriatus.

Leur présence inopinée glaçoit les esprits : ils se montroient sur-tout après un mauvais succès, dans le temps que leurs Ennemis étoient dans cette négligence que donne la victoire.

Dans nos combats d'aujourd'hui, un particulier n'a gueres de confiance qu'en la multitude : mais chaque Romain, plus robuste & plus aguerri que son ennemi, comptoit toujours sur lui-même; il avoit naturellement du courage, c'est-à-dire, de cette vertu qui est le sentiment de ses propres forces.

Leurs troupes étant toujours les mieux disciplinées, il étoit difficile que, dans le combat le plus malheureux, ils ne se ralliassent quelque part, ou que le désordre ne se mît quelque part chez les Ennemis. Aussi les voit-on continuellement dans les Histoires, quoique surmontés dans le commencement par le nombre ou par l'ardeur des Ennemis, arracher enfin la victoire de leurs mains.

Leur principale attention étoit d'examiner en quoi leur Ennemi pouvoit avoir de la supériorité sur eux; & d'abord ils y mettoient ordre. Ils s'accoutumerent à voir le sang & les blessures dans les Spectacles des Gladiateurs, qu'ils prirent des Etrusques (1).

CHAP. II.

Les épées tranchantes (2) des Gaulois, les Eléphans de Pyrrhus, ne les surprirent qu'une fois. Ils suppléerent à la foiblesse de leur Cavalerie (3) d'abord en ôtant les brides des chevaux, pour que l'impétuosité n'en pût être arrêtée; ensuite en y mêlant des Vélites (4). Quand ils eurent connu l'Epée Espagnole (5), ils quitterent la

(1) Fragm. de Nicolas de Damas, *liv.* 10. tiré d'Athénée, *liv.* 4. Avant que les Soldats partissent pour l'Armée, on leur donnoit un combat de Gladiateurs. Jules Capit. *Vie de Maxime & de Balbin.*

(2) Les Romains présentoient leurs Javelots, qui recevoient les coups des Epées Gauloises, & les émoussoient.

(3) Elle fut encore meilleure que celle des petits Peuples d'Italie. On la formoit des principaux Citoyens, à qui le Public entretenoit un cheval. Quand elle mettoit pied à terre, il n'y avoit point d'Infanterie plus redoutable; & très-souvent elle déterminoit la victoire.

(4) C'étoient de jeunes hommes légerement armés, & les plus agiles de la Légion, qui, au moindre signal, sautoient sur la croupe des chevaux, ou combattoient à pied. Val. Max. *liv.* 2. Tite-Live, *liv.* 26.

(5) Fragm. de Polybe, rapporté par Suidas au mot Μαχαιρα.

leur. Ils éluderent la science des Pilotes, par l'invention d'une machine que Polybe nous a décrite. Enfin, comme dit Josephe (1), la guerre étoit pour eux une méditation, la paix un exercice.

Si quelque Nation tint, de la nature ou de son institution, quelqu'avantage particulier, ils en firent d'abord usage : ils n'oublierent rien pour avoir des Chevaux Numides, des Archers Crétois, des Frondeurs Baléares, des Vaisseaux Rhodiens.

Enfin jamais Nation ne prépara la Guerre avec tant de prudence, & ne la fit avec tant d'audace.

CHAPITRE III.

Comment les Romains purent s'aggrandir.

COMME les Peuples de l'Europe ont dans ces temps-ci à peu-près les mêmes arts, les mêmes armes, la même discipline, & la même maniere

(1) *De Bello Judaico*, liv. 2.

de faire la guerre, la prodigieuse fortune des Romains nous paroît inconcevable. D'ailleurs, il y a aujourd'hui une telle disproportion dans la puissance, qu'il n'est pas possible qu'un petit Etat sorte par ses propres forces de l'abaissement où la Providence l'a mis.

Ceci demande qu'on y réfléchisse ; sans quoi nous verrions des événemens sans les comprendre ; & ne sentant pas bien la différence des situations, nous croirions, en lisant l'Histoire ancienne, voir d'autres hommes que nous.

Une expérience continuelle a pu faire connoître en Europe qu'un Prince, qui a un million de Sujets, ne peut, sans se détruire lui-même, entretenir plus de dix mille hommes de troupes : il n'y a donc que les grandes Nations qui aient des armées.

Il n'en étoit pas de même dans les anciennes Républiques ; car cette proportion des Soldats au reste du Peuple, qui est aujourd'hui comme d'un à cent, y pouvoit être aisément comme d'un à huit.

Les Fondateurs des anciennes Républiques avoient également partagé les terres : cela seul faisoit un Peuple puissant, c'est-à-dire, une Société bien réglée ; cela faisoit aussi une bonne armée, chacun ayant un égal intérêt, & très-grand, à défendre sa patrie.

Quand les loix n'étoient plus rigidement observées, les choses revenoient au point où elles sont à présent parmi nous : l'avarice de quelques particuliers, & la prodigalité des autres, faisoient passer les fonds de terre dans peu de mains ; & d'abord les arts s'introduisoient, pour les besoins mutuels des riches & des pauvres. Cela faisoit qu'il n'y avoit presque plus de Citoyens ni de Soldats ; car les fonds de terre destinés auparavant à l'entretien de ces derniers, étoient employés à celui des Esclaves & des Artisans, instrumens du luxe des nouveaux possesseurs : sans quoi l'Etat, qui malgré son déréglement doit subsister, auroit péri. Avant la corruption, les revenus primitifs de l'Etat étoient partagés entre les Soldats, c'est-à-dire, les Laboureurs : lorsque la République étoit corrompue, ils passoient d'abord à des hommes riches, qui les rendoient aux Esclaves

& aux Artisans; d'où on en retiroit, par le moyen des Tributs, une partie pour l'entretien des Soldats.

Or ces sortes de gens n'étoient guéres propres à la guerre : ils étoient lâches, & déja corrompus par le luxe des Villes, & souvent par leurt art même; outre que, comme ils n'avoient point proprement de Patrie, & qu'ils jouissoient de leur industrie par-tout, ils avoient peu à perdre ou à conserver.

Dans un Dénombrement (1) de Rome fait quelque temps après l'expulsion des Rois, & dans celui que Demétrius de Phalere (2) fit à Athenes, il se trouva, à peu près, le même nombre d'habitans; Rome en avoit quatre cent quarante-mille, Athenes quatre cent trente & un mille. Mais ce Dénombrement de Rome tombe dans un temps où elle étoit dans la force de son institution, & celui d'Athenes dans un temps où elle

---

(1) C'est le Dénombrement dont parle Denys d'Halicarn. dans le *liv. 9. art.* 25. & qui me paroît être le même que celui qu'il rapporte à la fin de son sixième Livre, qui fut fait seize ans après l'expulsion des Rois.

(2) Cteficlès, dans Athenée, *liv. 6.*

étoit entiérement corrompue. On trouva que le nombre des Citoyens puberes faisoit à Rome le quart de ses habitans, & qu'il faisoit à Athenes un peu moins du vingtiéme : la puissance de Rome étoit donc à celle d'Athenes dans ces divers temps, à peu près comme un quart est à un vingtiéme, c'est-à-dire, qu'elle étoit cinq fois plus grande.

Les Rois Agis & Cleomenes voyant qu'au lieu de neuf mille Citoyens qui étoient à Sparte du temps de Lycurge (1), il n'y en avoit plus que sept cent (2) dont à peine cent possédoient des terres, & que tout le reste n'étoit qu'une populace sans courage, ils entreprirent de rétablir les loix (3) à cet égard ; & Lacédémone reprit sa premiere puissance, & redevint formidable à tous les Grecs.

Ce fut le partage égal des terres qui

(1) C'étoient des Citoyens de la Ville, appellés proprement Spartiates. Lycurge fit pour eux neuf mille parts ; il en donna trente mille aux autres habitans. Voyez Plutarque, *Vie de Lycurge*.

(2) Voyez Plutarque, *Vie d'Agis & de Cleomenes*.

(3) Voyez Plutarque, *ibid.*

rendit Rome capable de fortir d'abord de fon abaiffement ; & cela fe fentit bien quand elle fut corrompue.

Elle étoit une petite République, lorfque les Latins ayant refufé le fecours de troupes (1) qu'ils étoient obligés de donner, on leva fur le champ dix Légions dans la Ville. « A peine à « préfent, dit Tite-Live, Rome, que « le Monde entier ne peut contenir, « en pourroit-elle faire autant, fi un « ennemi paroiffoit tout-à-coup devant « fes murailles ; marque certaine que « nous ne nous fommes point aggran- « dis, & que nous n'avons fait qu'aug- « menter le luxe & les richeffes qui « nous travaillent. «

Dites-moi, difoit TIBERIUS (2) « GRACCHUS aux Nobles, qui vaut « mieux, un Citoyen, ou un efclave « perpétuel ; un foldat, ou un homme « inutile à la guerre ? Voulez-vous, « pour avoir quelques arpens de terre « plus que les autres Citoyens, renon- «

(1) Tite-Live, 1 Decad. l. 7. Ce fut quelque temps après la prife de Rome, fous le Confulat de L. Furius Camillus, & de Ap. Claudius Craffus.
(2) Appian, *de la Guerre Civile*, l. 1.

» cer à l'espérance de la conquête du
» reste du monde, ou vous mettre en
» danger de vous voir enlever par les
» Ennemis ces terres que vous nous
» refusez? »

CHAPITRE IV.

1. Des Gaulois. 2. De Pyrrhus. 3. Parallèle de Carthage & de Rome. 4. Guerre d'Annibal.

Les Romains eurent bien des guerres avec les Gaulois. L'amour de la gloire, le mépris de la mort, l'obstination pour vaincre, étoient les mêmes dans les deux Peuples; mais les armes étoient différentes : le bouclier des Gaulois étoit petit, & leur épée mauvaise ; aussi furent-ils traités à peu près comme dans les derniers siécles les Mexiquains l'ont été par les Espagnols. Et ce qu'il y a de surprenant, c'est que ces Peuples, que les Romains rencontrerent dans presque tous les lieux, & dans presque tous les temps, se

ET LEUR DÉCADENCE. 31

laisserent détruire les uns après les autres, sans jamais connoître, chercher, ni prévenir la cause de leurs malheurs.

PYRRHUS vint faire la guerre aux Romains dans le temps qu'ils étoient en état de lui résister & de s'instruire par ses victoires; il leur apprit à se retrancher, à choisir, & à disposer un Camp; il les accoutuma aux éléphans, & les prépara pour de plus grandes guerres.

La grandeur de Pyrrhus ne consistoit que dans ses qualités personnelles (1) : Plutarque (2) nous dit qu'il fut obligé de faire la guerre de Macédoine, parce qu'il ne pouvoit entretenir six mille hommes de pied, & cinq cent chevaux qu'il avoit. Ce Prince, maître d'un petit Etat dont on n'a plus entendu parler après lui, étoit un aventurier, qui faisoit des entreprises continuelles, parce qu'il ne pouvoit subsister qu'en entreprenant.

Tarente son alliée avoit bien dégénéré de l'institution des Lacédémo-

---

(1) Voyez un fragment du Liv. 1. de Dion, dans l'*Extrait des Vertus & des Vices*.
(2) *Vie de Pyrrhus*.

niens ses ancêtres (1). Il auroit pu faire de grandes choses avec les Samnites ; mais les Romains les avoient presque détruits.

Carthage, devenue riche plutôt que Rome, avoit aussi été plutôt corrompue : ainsi pendant qu'à Rome les emplois publics ne s'obtenoient que par la vertu, & ne donnoient d'utilité que l'honneur & une préférence aux fatigues, tout ce que le public peut donner aux particuliers se vendoit à Carthage, & tout service rendu par les particuliers y étoit payé par le public.

La tyrannie d'un Prince ne met pas un Etat plus près de sa ruine, que l'indifférence pour le bien commun n'y met une République. L'avantage d'un Etat libre, est que les revenus y sont mieux administrés : mais lorsqu'ils le sont plus mal ? L'avantage d'un Etat libre est qu'il n'y a point de favoris : mais quand cela n'est pas, & qu'au lieu des amis & des parens du Prince, il faut faire la fortune des amis & des parens de tous ceux qui ont part au Gouvernement, tout est perdu ; les

(1) Justin, *liv.* 20.

loix font éludées plus dangereufement qu'elles ne font violées par un Prince, qui, étant toujours le plus grand Citoyen de l'Etat, a le plus d'intérêt à fa confervation.

Des anciennes mœurs, un certain ufage de la pauvreté, rendoient à Rome les fortunes à peu près égales ; mais à Carthage, des particuliers avoient les richeffes des Rois.

De deux factions qui régnoient à Carthage, l'une vouloit toujours la paix, & l'autre toujours la guerre ; de façon qu'il étoit impoffible d'y jouir de l'une, ni d'y bien faire l'autre.

Pendant qu'à Rome (1) la guerre réuniffoit d'abord tous les intérêts, elle les féparoit encore plus à Carthage.

Dans les Etats gouvernés par un Prince, les divifions s'appaifent aifément, parce qu'il a dans fes mains une

(1) La préfence d'Annibal fit ceffer parmi les Romains toutes les divifions : mais la préfence de Scipion aigrit celles qui étoient deja parmi les Carthaginois ; elle ôta au Gouvernement tout ce qui lui reftoit de force ; les Généraux, le Sénat, les Grands devinrent plus fufpects au Peuple, & le Peuple devint plus furieux. Voyez dans Appien toute cette guerre du premier Scipion.

puissance coërcitive qui ramene les deux partis; mais dans une République, elles sont plus durables, parce que le mal attaque ordinairement la puissance même qui pourroit le guérir.

A Rome gouvernée par les loix, le Peuple souffroit que le Sénat eut la direction des affaires. A Carthage gouvernée par des abus, le Peuple vouloit tout faire par lui-même.

Carthage, qui faisoit la guerre avec son opulence contre la pauvreté Romaine, avoit par cela même du désavantage: l'or & l'argent s'épuisent; mais la vertu, la constance, la force & la pauvreté ne s'épuisent jamais.

Les Romains étoient ambitieux par orgueil, & les Carthaginois par avarice; les uns vouloient commander, les autres vouloient acquérir: & ces derniers calculant sans cesse la recette & la dépense, firent toujours la guerre sans l'aimer.

Des batailles perdues, la diminution du Peuple, l'affoiblissement du commerce, l'épuisement du trésor public, le soulévement des Nations voisines, pouvoient faire accepter à Carthage les conditions de paix les plus dures : Mais Rome ne se conduisoit point par le sentiment des biens & des maux ; elle ne se déterminoit que par sa gloire : & comme elle n'imaginoit point qu'elle pût être si elle ne commandoit pas, il n'y avoit point d'espérance ni de crainte qui pût l'obliger à faire une paix qu'elle n'auroit point imposée.

Il n'y a rien de si puissant qu'une République où l'on observe les loix, non pas par crainte, non pas par raison, mais par passion, comme furent Rome & Lacédémone : car pour lors il se joint à la sagesse d'un bon gouvernement toute la force que pourroit avoir une faction.

Les Carthaginois se servoient de troupes étrangeres, & les Romains employoient les leurs. Comme ces derniers n'avoient jamais regardé les vaincus que comme des instrumens pour des triomphes futurs, ils rendirent Soldats tous les Peuples qu'ils avoient soumis ; & plus ils eurent de peine à les vaincre, plus ils les jugerent propres à être incorporés dans leur République. Ainsi nous voyons les Samnites qui ne furent subjugués qu'après vingt-quatre triomphes (1), devenir les auxiliaires des Romains; & quelque temps avant la seconde guerre Punique, ils tirerent d'eux (2) & de leurs Alliés, c'est-à-dire, d'un pays qui n'étoit guéres plus grand que les Etats du Pape & de Naples, sept cent mille hommes de pied, & soixante & dix mille de cheval, pour opposer aux Gaulois.

Dans le fort de la seconde guerre Punique, Rome eut toujours sur pied de vingt-deux à vingt-quatre Légions; cependant il paroît, par Tite-Live, que le Cens n'étoit pour lors que d'environ cent trente-sept mille Citoyens.

Carthage employoit plus de forces pour attaquer, Rome pour se défendre : celle-ci, comme on vient de dire, arma un nombre d'hommes prodigieux contre les Gaulois & Annibal qui l'attaquoient ; & elle n'envoya que deux Légions contre les plus grands Rois : ce qui rendit ses forces éternelles.

L'établissement de Carthage dans

(1) Flor. l. 1.
(2) Voyez Polybe. Le Sommaire de Florus dit qu'ils leverent trois cent mille hommes dans la Ville & chez les Latins.

son pays, étoit moins solide que celui de Rome dans le sien : cette derniere avoit trente Colonies (1) autour d'elle, qui en étoient comme les remparts. Avant la bataille de Cannes, aucun Allié ne l'avoit abandonnée ; c'est que les Samnites & les autres Peuples d'Italie étoient accoutumés à sa domination.

La plupart des Villes d'Afrique étant peu fortifiées, se rendoient d'abord à quiconque se présentoit pour les prendre ; aussi tous ceux qui y débarquerent, Agatocle, Regulus, Scipion, mirent-ils d'abord Carthage au désespoir.

On ne peut guéres attribuer qu'à un mauvais gouvernement ce qui leur arriva dans toute la guerre que leur fit le premier Scipion : leur Ville (2) & leurs Armées même étoient affamées, tandis que les Romains étoient dans l'abondance de toutes choses.

Chez les Carthaginois, les Armées qui avoient été battues devenoient plus insolentes ; quelquefois elles mettoient

(1) Tite-Live, l. 27.
(2) Voyez Appien, *liber Libycus*.

en croix leurs Généraux, & les punissoient de leur propre lâcheté. Chez les Romains, le Consul décimoit les troupes qui avoient fui, & les ramenoit contre les Ennemis.

Le gouvernement des Carthaginois (1) étoit très-dur : ils avoient si fort tourmenté les Peuples d'Espagne, que, lorsque les Romains y arriverent, ils furent regardés comme des Libérateurs : & si l'on fait attention aux sommes immenses qu'il leur en coûta pour soutenir une guerre où ils succomberent, on verra bien que l'Injustice est mauvaise ménagere, & qu'elle ne remplit pas même ses vues.

La fondation d'Alexandrie avoit beaucoup diminué le commerce de Carthage. Dans les premiers temps, la superstition bannissoit en quelque façon les Etrangers de l'Egypte ; & lorsque les Perses l'eurent conquise, ils n'avoient songé qu'à affoiblir leurs nouveaux sujets : Mais sous les Rois Grecs, l'Egypte fit presque tout le

---

(1) Voyez ce que Polybe dit de leurs exactions, surtout dans le fragm. du Liv. 9, Extr. des Vertus & des Vices.

commerce du monde, & celui de Carthage commença à décheoir.

Les Puissances établies par le commerce peuvent subsister long-temps dans leur médiocrité; mais leur grandeur est de peu de durée: Elles s'élevent peu à peu, & sans que personne s'en apperçoive; car elles ne font aucun acte particulier qui fasse du bruit, & signale leur puissance: mais lorsque la chose est venue au point qu'on ne peut plus s'empêcher de la voir, chacun cherche à priver cette Nation d'un avantage qu'elle n'a pris, pour ainsi dire, que par surprise.

La Cavalerie Carthaginoise valoit mieux que la Romaine par deux raisons; l'une que les chevaux Numides & Espagnols étoient meilleurs que ceux d'Italie, & l'autre que la Cavalerie Romaine étoit mal armée; car ce ne fut que dans les guerres que les Romains firent en Gréce, qu'ils changerent de maniere, comme nous l'apprenons de Polybe (1).

Dans la premiere guerre Punique, REGULUS fut battu dès que les Car-

(1) *Livre 6.*

thaginois choisirent les plaines pour faire combattre leur Cavalerie ; & dans la seconde (1), ANNIBAL dut à ses Numides ses principales victoires.

SCIPION ayant conquis l'Espagne & fait alliance avec MASSINISSE, ôta aux Carthaginois cette supériorité ; ce fut la Cavalerie Numide qui gagna la bataille de Zama, & finit la guerre.

Les Carthaginois avoient plus d'expérience sur la mer, & connoissoient mieux la manœuvre que les Romains : mais il me semble que cet avantage n'étoit pas pour lors si grand qu'il le seroit aujourd'hui.

Les Anciens n'ayant pas la Boussole, ne pouvoient guéres naviger que sur les côtes ; aussi ils ne se servoient que de bâtimens à rames petits & plats ; presque toutes les rades étoient pour eux des Ports ; la science des Pilotes étoit très-bornée, & leur manœuvre très-peu de chose. Aussi Aristote disoit-il (2) qu'il étoit inutile d'avoir un

―――――――――

(1) Des corps entiers de Numides passèrent du côté des Romains, qui dès-lors commencèrent à respirer.
(2) *Polit. liv.* 7. *ch.* 6.

Corps de Mariniers, & que les Laboureurs suffisoient pour cela.

L'art étoit si imparfait, qu'on ne faisoit guéres avec mille rames, que ce qui se fait aujourd'hui avec cent (1).

Les grands vaisseaux étoient désavantageux, en ce qu'étant difficilement mus par la chiourme, ils ne pouvoient pas faire les évolutions nécessaires. Antoine en fit à Actium (2) une funeste expérience; ses navires ne pouvoient se remuer, pendant que ceux d'Auguste, plus légers, les attaquoient de toutes parts.

Les vaisseaux anciens étant à rames, les plus légers brisoient aisément celles des plus grands, qui pour lors n'étoient plus que des machines immobiles, comme sont aujourd'hui nos vaisseaux démâtés.

Depuis l'invention de la Boussole, on a changé de maniere: on a (3) aban-

(1) Voyez ce que dit Perrault sur les rames des Anciens. *Essai de Physique, tit. 3. Méchanique des Animaux.*

(2) La même chose arriva à la bataille de Salamine. Plut. *Vie de Themistocle.* L'Histoire est pleine de faits pareils.

(3) En quoi on peut juger de l'imperfection de la marine des anciens, puisque nous avons

donné les rames, on a fui les côtes, on a conſtruit de gros vaiſſeaux ; la machine eſt devenue plus compoſée, & les pratiques ſe ſont multipliées.

L'invention de la poudre a fait une choſe qu'on n'auroit pas ſoupçonnée ; c'eſt que la force des armées navales a plus que jamais conſiſté dans l'art ; car, pour réſiſter à la violence du canon & ne pas eſſuyer un feu ſupérieur, il a fallu de gros navires : mais à la grandeur de la machine, on a dû proportionner la puiſſance de l'art.

Les petits vaiſſeaux d'autrefois s'accrochoient ſoudain, & les Soldats combattoient des deux parts ; on mettoit ſur une flotte toute une armée de terre : dans la bataille navale que Regulus & ſon Collegue gagnerent, on vit combattre cent trente mille Romains contre cent cinquante mille Carthaginois. Pour lors les Soldats étoient pour beaucoup, & les gens de l'art pour peu ; à préſent les Soldats ſont pour rien, ou pour peu, & les gens de l'art pour beaucoup.

abandonné une pratique dans laquelle nous avions tant de ſupériorité ſur eux.

La victoire du Consul DUILLIUS fait bien sentir cette différence: Les Romains n'avoient aucune connoissance de la navigation : une galere Carthaginoise échoua sur leurs côtes ; ils se servirent de ce modéle pour en bâtir ; en trois mois de temps leurs matelots furent dressés, leur flotte fut construite, équipée, elle mit à la mer, elle trouva l'Armée navale des Carthaginois, & la battit.

CHAP. IV.

A peine à présent toute une vie suffit-elle à un Prince pour former une flotte capable de paroître devant une Puissance qui a déja l'empire de la mer: c'est peut-être la seule chose que l'argent seul ne peut pas faire. Et si de nos jours un grand (1) Prince réussit d'abord, l'expérience a fait voir à d'autres (2) que c'est un exemple qui peut être plus admiré que suivi.

La seconde guerre Punique est si fameuse, que tout le monde la sçait. Quand on examine bien cette foule d'obstacles qui se présenterent devant ANNIBAL, & que cet homme extraor-

(1) Louis XIV.
(2) L'Espagne & la Moscovie.

dinaire surmonta tous , on a le plus beau spectacle que nous ait fourni l'antiquité.

Rome fut un prodige de constance: Après les journées du Tésin, de Trebies & de Thrasimene, après celle de Cannes plus funeste encore, abandonnée de presque tous les peuples d'Italie, elle ne demanda point la paix ; c'est que le Sénat ne se départoit jamais des maximes anciennes ; il agissoit avec ANNIBAL, comme il avoit agi autrefois avec PYRRHUS, à qui il avoit refusé de faire aucun accommodement tandis qu'il seroit en Italie : & je trouve dans Denys d'Halicarnasse (1) que, lors de la négociation de CORIOLAN, le Sénat déclara qu'il ne violeroit point ses coutumes anciennes ; que le Peuple Romain ne pouvoit faire de paix tandis que les Ennemis étoient sur ses terres ; mais que, si les Volsques se retiroient, on accorderoit tout ce qui seroit juste.

Rome fut sauvée par la force de son institution : après la bataille de Cannes, il ne fut pas permis aux femmes

(1) *Antiq. Rom.* L. 8.

mêmes de verser des larmes; le Sénat refusa de racheter les prisonniers, & envoya les misérables restes de l'armée faire la guerre en Sicile, sans récompense ni aucun honneur militaire, jusqu'à ce qu'ANNIBAL fût chassé d'Italie.

D'un autre côté, le Consul TÉRENTIUS VARRON avoit fui honteusement jusqu'à Venouse: cet homme de la plus basse naissance, n'avoit été élevé au Consulat que pour mortifier la Noblesse: Mais le Sénat ne voulut pas jouir de ce malheureux triomphe; il vit combien il étoit nécessaire qu'il s'attirât dans cette occasion la confiance du Peuple; il alla au-devant de VARRON, & le remercia de ce qu'il n'avoit pas désespéré de la République.

Ce n'est pas ordinairement la perte réelle que l'on fait dans une bataille (c'est-à-dire celle de quelque milliers d'hommes), qui est funeste à un Etat; mais la perte imaginaire & le découragement, qui le prive des forces mêmes que la fortune lui avoit laissées.

Il y a des choses que tout le monde dit, parce qu'elles ont été dites une fois : On croiroit qu'ANNIBAL fit une faute infigne de n'avoir point été afliéger Rome après la bataille de Cannes; il eſt vrai que d'abord la frayeur y fut extrême : mais il n'en eſt pas de la conſternation d'un Peuple belliqueux qui fe tourne prefque toujours en courage, comme de celle d'une vile populace qui ne fent que fa foibleſſe : une preuve qu'ANNIBAL n'auroit pas réuſſi, c'eſt que les Romains ſe trouverent encore en état d'envoyer par-tout du ſecours.

On dit encore qu'ANNIBAL fit une grande faute de mener ſon Armée à Capouë, où elle s'amollit : mais l'on ne conſidere point que l'on ne remonte pas à la vraie cauſe. Les Soldats de cette armée, devenus riches après tant de victoires, n'auroient-ils pas trouvé par tout Capouë ? ALEXANDRE, qui commandoit à ſes propres ſujets, prit dans une occaſion pareille un expédient qu'ANNIBAL, qui n'avoit que des troupes mercénaires, ne pouvoit pas prendre : il fit mettre le feu au bagage de ſes Soldats, & brûla toutes leurs richeſſes & les ſiennes. On nous dit que KOULI-KAN (1), après la conquête des Indes, ne laissa à chaque Soldat que cent Roupies d'argent.

Ce furent les conquêtes mêmes d'ANNIBAL qui commencerent à changer la fortune de cette guerre : Il n'avoit pas été envoyé en Italie par les Magistrats de Carthage ; il recevoit très-peu de secours, soit par la jalousie d'un parti, soit par la trop grande confiance de l'autre : Pendant qu'il resta avec son armée ensemble, il battit les Romains : mais lorsqu'il fallut qu'il mît des garnisons dans les Villes, qu'il défendît ses Alliés, qu'il assiégeât les places, ou qu'il les empêchât d'être assiégées, ses forces se trouverent trop petites ; & il perdit en détail une grande partie de son Armée. Les conquêtes sont aisées à faire, parce qu'on les fait avec toutes ses forces : elles sont difficiles à conserver, parce qu'on ne les défend qu'avec une partie de ses forces.

(1) *Hist. de sa Vie*, Paris. 1742. p. 402.

CHAPITRE V.

De l'état de la Gréce, de la Macédoine, de la Syrie & de l'Egypte, après l'abaissement des Carthaginois.

JE m'imagine qu'ANNIBAL disoit très-peu de bons mots, & qu'il en disoit encore moins en faveur de FABIUS & de MARCELLUS contre lui-même. J'ai du regret de voir Tite-Live jetter ses fleurs sur ces énormes colosses de l'Antiquité : je voudrois qu'il eût fait comme Homere, qui néglige de les parer, & sçait si bien les faire mouvoir.

Encore faudroit-il que les discours qu'on fait tenir à Annibal fussent sensés. Que si, en apprenant la défaite de son frere, il avoua qu'il en prévoyoit la ruine de Carthage, je ne sçache rien de plus propre à désespérer des Peuples qui s'étoient donnés à lui, & à décourager une Armée qui attendoit de si grandes récompenses après la guerre.

Comme les Carthaginois, en Espagne, en Sicile, en Sardaigne, n'opposoient aucune Armée qui ne fût malheureuse, ANNIBAL, dont les ennemis se fortifioient sans cesse, fut réduit à une guerre défensive. Cela donna aux Romains la pensée de porter la guerre en Afrique : SCIPION y descendit ; les succès qu'il y eut obligerent les Carthaginois à rappeller d'Italie ANNIBAL, qui pleura de douleur en cédant aux Romains cette terre, où il les avoit tant de fois vaincus.

Tout ce que peut faire un grand homme d'Etat & un grand Capitaine, ANNIBAL le fit pour sauver sa patrie : n'ayant pu porter SCIPION à la paix, il donna une bataille, où la fortune sembla prendre plaisir à confondre son habileté, son expérience & son bon sens.

Carthage reçut la paix, non pas d'un ennemi, mais d'un maître : elle s'obligea de payer dix mille talens en cinquante années, à donner des otages, à livrer ses vaisseaux & ses éléphans, à ne faire la guerre à personne sans le consentement du Peuple Romain; & pour la tenir toujours humiliée, on augmenta la puissance de MASSINISSE son ennemi éternel.

Après l'abaissement des Carthaginois, Rome n'eut presque plus que de petites guerres & de grandes victoires; au lieu qu'auparavant elle avoit eu de petites victoires & de grandes guerres.

Il y avoit dans ces temps-là comme deux mondes séparés : Dans l'un combattoient les Carthaginois & les Romains : l'autre étoit agité par des querelles qui duroient depuis la mort d'Alexandre; on n'y pensoit (1) point à ce qui se passoit en Occident : car quoique PHILIPPE Roi de Macédoine eût fait un Traité avec ANNIBAL, il n'eut presque point de suite; & ce Prince, qui n'accorda aux Carthaginois que de très-foibles secours, ne fit que témoigner aux Romains une mauvaise volonté inutile.

(1) Il est surprenant, comme Josephe le remarque dans le Livre contre Appion, qu'Herodote ni Thucydide n'aient jamais parlé des Romains, quoiqu'ils eussent fait de si grandes guerres.

Lorsqu'on voit deux grands Peuples se faire une guerre longue & opiniâtre, c'est souvent une mauvaise politique de penser qu'on peut demeurer spectateur tranquille ; car celui des deux Peuples qui est le vainqueur, entreprend d'abord de nouvelles guerres, & une Nation de Soldats va combattre contre des Peuples qui ne sont que Citoyens.

Ceci parut bien clairement dans ces temps-là : car les Romains eurent à peine dompté les Carthaginois, qu'ils attaquerent de nouveaux Peuples, & parurent dans toute la terre pour tout envahir.

Il n'y avoit pour lors dans l'Orient que quatre Puissances capables de résister aux Romains, la Gréce, & les Royaumes de Macédoine, de Syrie & d'Egypte. Il faut voir quelle étoit la situation de ces deux premieres Puissances, parce que les Romains commencerent par les soumettre.

Il y avoit dans la Gréce trois Peuples considérables, les Etoliens, les Achaïens & les Béotiens : c'étoient des associations de Villes libres, qui avoient des assemblées générales & des

Magistrats communs. Les Etoliens étoient belliqueux, hardis, téméraires, avides du gain, toujours libres de leur parole & de leurs sermens, enfin faisant la guerre sur la terre comme les pirates la font sur la mer. Les Achaïens étoient sans cesse fatigués par des voisins ou des défenseurs incommodes. Les Béotiens, les plus épais de tous les Grecs, prenoient le moins de part qu'ils pouvoient aux affaires générales : uniquement conduits par le sentiment présent du bien & du mal, ils n'avoient pas assez d'esprit pour qu'il fût facile aux Orateurs de les agiter : & ce qu'il y avoit d'extraordinaire, leur République se maintenoit dans l'Anarchie (1) même.

Lacédémone avoit conservé sa puissance, c'est-à-dire, cet esprit belliqueux que lui donnoient les institutions de LYCURGUE. Les Thessaliens étoient en quelque façon asservis par

---

(1) Les Magistrats, pour plaire à la multitude, n'ouvroient plus les Tribunaux : les mourans léguoient à leurs amis leur bien, pour être employé en festin. Voyez un fragm. du 20. Liv. de Polybe, dans l'*Extrait des Vertus & des Vices*.

les Macédoniens. Les Rois d'Illirie avoient déja été extrêmement abattus par les Romains. Les Arcananiens & les Athamanes étoient ravagés tour à tour par les forces de la Macédoine & de l'Etolie. Les Athéniens, sans forces par eux-mêmes & sans (1) Alliés, n'étonnoient plus le monde que par leurs flateries envers les Rois ; & l'on ne montoit plus sur la Tribune où avoit parlé Démosthene, que pour proposer les Décrets les plus lâches & les plus scandaleux.

D'ailleurs la Gréce étoit redoutable par sa situation, la force, la multitude de ses Villes, le nombre de ses Soldats, sa police, ses mœurs, ses loix : elle aimoit la guerre, elle en connoissoit l'art, & elle auroit été invincible, si elle avoit été unie.

Elle avoit bien été étonnée par le premier PHILIPPE, ALEXANDRE, & ANTIPATER, mais non pas subjuguée: & les Rois de Macédoine, qui ne pouvoient se résoudre à abandonner leurs

(1) Ils n'avoient aucune alliance avec les autres Peuples de la Gréce. Polybe, *l.* 5.

prétentions & leurs espérances, s'obstinoient à travailler à l'asservir.

La Macédoine étoit presqu'entourée de montagnes inaccessibles ; les Peuples en étoient très-propres à la guerre, courageux, obéissans, industrieux, infatigables ; & il falloit bien qu'ils tinssent ces qualités-là du climat, puisqu'encore aujourd'hui les hommes de ces contrées sont les meilleurs Soldats de l'Empire des Turcs.

La Gréce se maintenoit par une espece de balance ; les Lacédémoniens étoient pour l'ordinaire alliés des Etoliens, & les Macédoniens l'étoient des Achaïens : mais par l'arrivée des Romains tout équilibre fut rompu.

Comme les Rois de Macédoine ne pouvoient pas entretenir (1) un grand nombre de troupes, le moindre échec étoit de conséquence : d'ailleurs ils pouvoient difficilement s'aggrandir, parce que leurs desseins n'étant pas inconnus, on avoit toujours les yeux ouverts sur leurs démarches ; & les succès qu'ils avoient dans les guerres entreprises pour leurs Alliés, étoient un

(1) Voyez Plutarque, *Vie de Flaminius.*

mal que ces mêmes Alliés cherchoient d'abord à réparer.

Mais les Rois de Macédoine étoient ordinairement des Princes habiles. Leur Monarchie n'étoit pas du nombre de celles qui vont par une espece d'allure donnée dans le commencement : continuellement instruits par les périls & par les affaires, embarrassés dans tous les démêlés des Grecs, il leur falloit gagner les principaux des Villes, éblouir les Peuples, & diviser ou réunir les intérêts ; enfin ils étoient obligés de payer de leur personne à chaque instant.

PHILIPPE qui, dans le commencement de son régne, s'étoit attiré l'amour & la confiance des Grecs par sa modération, changea tout-à-coup ; il devint (1) un cruel Tyran, dans un temps où il auroit dû être juste par politique & par ambition. Il voyoit, quoique de loin, les Carthaginois & les Romains dont les forces étoient immenses ; il avoit fini la guerre à l'avantage de ses Alliés, & s'étoit réconcilié avec

(1) Voyez dans Polybe les injustices & les cruautés par lesquelles Philippe se décrédita.

les Etoliens: il étoit naturel qu'il pensât à unir toute la Gréce avec lui, pour empêcher les Etrangers de s'y établir: mais il l'irrita au contraire par de petites usurpations; & s'amusant à discuter de vains intérêts quand il s'agissoit de son existence, par trois ou quatre mauvaises actions il se rendit odieux & détestable à tous les Grecs.

Les Etoliens furent les plus irrités: & les Romains saisissant l'occasion de leur ressentiment, ou plutôt de leur folie, firent alliance avec eux, entrerent dans la Gréce & l'armerent contre Philippe.

Ce Prince fut vaincu à la journée des Cynocéphales; & cette victoire fut dûe en partie à la valeur des Etoliens: il fut si fort consterné, qu'il se réduisit à un traité, qui étoit moins une paix qu'un abandon de ses propres forces; il fit sortir ses garnisons de toute la Gréce, livra ses vaisseaux, & s'obligea de payer mille talens en dix années.

Polybe, avec son bon sens ordinaire, compare l'Ordonnance des Romains avec celle des Macédoniens, qui fut prise par tous les Rois successeurs d'Alexandre; il fait voir les avantages & les inconvéniens de la Phalange & de la Légion; il donne la préférence à l'Ordonnance Romaine; & il y a apparence qu'il a raison, si l'on en juge par tous les événemens de ces temps-là.

Ce qui avoit beaucoup contribué à mettre les Romains en péril dans la seconde guerre Punique, c'est qu'ANNIBAL arma d'abord ses Soldats à la Romaine: mais les Grecs ne changerent ni leurs armes, ni leur maniere de combattre; il ne leur vint point dans l'esprit de renoncer à des usages avec lesquels ils avoient fait de si grandes choses.

Le succès que les Romains eurent contre PHILIPPE, fut le plus grand de tous les pas qu'ils firent pour la Conquête générale. Pour s'assûrer de la Gréce, ils abaisserent par toutes sortes de voies les Etoliens qui les avoient aidés à vaincre: de plus ils ordonnerent que chaque Ville Grecque, qui avoit été à PHILIPPE ou à quelque autre Prince, se gouverneroit dorénavant par ses propres Loix.

On voit bien que ces petites Républiques ne pouvoient être que dépendantes : les Grecs se livrerent à une joie stupide, & crurent être libres en effet, parce que les Romains les déclaroient tels.

Les Etoliens, qui s'étoient imaginés qu'ils domineroient dans la Gréce, voyant qu'ils n'avoient fait que se donner des maîtres, furent au désespoir ; & comme ils prenoient toujours des résolutions extrêmes, voulant corriger leurs folies par leurs folies, ils appellerent dans la Gréce ANTIOCHUS Roi de Syrie, comme ils y avoient appellé les Romains.

Les Rois de Syrie étoient les plus puissans des successeurs d'Alexandre ; car ils possédoient presque tous les Etats de Darius, à l'Egypte près : mais il étoit arrivé des choses qui avoient fait que leur puissance s'étoit beaucoup affoiblie.

SÉLEUCUS, qui avoit fondé l'Empire de Syrie, avoit à la fin de sa vie détruit le Royaume de Lysimaque. Dans la confusion des choses, plusieurs Provinces se souleverent ; les Royaumes de Pergame, de Cappadoce & de Bi-

ET LEUR DÉCADENCE. 59
thynie se formerent : Mais ces petits Chap.
Etats timides regarderent toujours V.
l'humiliation de leurs anciens maîtres
comme une fortune pour eux.

Comme les Rois de Syrie virent toujours avec une envie extrême la félicité du Royaume d'Egypte, ils ne songerent qu'à le conquérir ; ce qui fit que négligeant l'Orient ils y perdirent plusieurs Provinces, & furent fort mal obéis dans les autres.

Enfin les Rois de Syrie tenoient la haute & la basse Asie : mais l'expérience a fait voir que dans ce cas, lorsque la Capitale & les principales forces sont dans les Provinces basses de l'Asie, on ne peut pas conserver les hautes ; & que, quand le siége de l'Empire est dans les hautes, on s'affoiblit en voulant garder les basses. L'Empire des Perses & celui de Syrie ne furent jamais si forts que celui des Parthes, qui n'avoit qu'une partie des Provinces des deux premiers. Si Cyrus n'avoit pas conquis le Royaume de Lydie, si Séleucus étoit resté à Babylone, & avoit laissé les Provinces maritimes aux successeurs d'Antigone, l'Empire des Perses auroit été invincible pour les Grecs, & celui de Séleucus pour les Romains. Il y a de certaines bornes que la nature a donnée aux Etats, pour mortifier l'ambition des hommes : lorsque les Romains les passerent, les Parthes (1) les firent presque toujours périr ; quand les Parthes oserent les passer, ils furent d'abord obligés de revenir ; & de nos jours les Turcs qui ont avancé au-delà de ces limites, ont été contraints d'y rentrer.

Les Rois de Syrie & d'Egypte avoient dans leur pays deux sortes de sujets ; les Peuples conquérans, & les Peuples conquis : ces premiers, encore pleins de l'idée de leur origine, étoient très-difficilement gouvernés ; ils n'avoient point cet esprit d'indépendance qui nous porte à secouer le joug, mais cette impatience qui nous fait desirer de changer de maître.

Mais la foiblesse principale du Royaume de Syrie, venoit de celle de la Cour où régnoient des successeurs de Darius,

---

(1) J'en dirai les raisons au Chap. XV. Elles sont tirées en partie de la disposition Géographique des deux Empires.

ET LEUR DÉCADENCE. 61

& non pas d'Alexandre. Le luxe, la vanité, & la mollesse, qui en aucun siécle n'a quitté les Cours d'Asie, régnoient sur-tout dans celle-ci : le mal passa au Peuple & aux Soldats, & devint contagieux pour les Romains même, puisque la guerre qu'ils firent contre ANTIOCHUS est la vraie époque de leur corruption.

Telle étoit la situation du Royaume de Syrie, lorsqu'ANTIOCHUS qui avoit fait de grandes choses, entreprit la guerre contre les Romains : mais il ne se conduisit pas même avec la sagesse que l'on emploie dans les affaires ordinaires. ANNIBAL vouloit qu'on renouvellât la guerre en Italie, & qu'on gagnât PHILIPPE, ou qu'on le rendît neutre. ANTIOCHUS ne fit rien de cela : Il se montra dans la Gréce avec une petite partie de ses forces ; & comme s'il avoit voulu y voir la guerre & non pas la faire, il ne fut occupé que de ses plaisirs ; il fut battu, s'enfuit en Asie plus effrayé que vaincu.

PHILIPPE dans cette guerre, entraîné par les Romains comme par un torrent, les servit de tout son pouvoir, &

devint l'inftrument de leurs victoires: le plaifir de fe venger & de ravager l'Etolie, la promeffe qu'on lui diminueroit le tribut & qu'on lui laifferoit quelques Villes, des jaloufies qu'il eut d'Antiochus, enfin de petits motifs le déterminerent; & n'ofant concevoir la penfée de fecouer le joug, il ne fongea qu'à l'adoucir.

Antiochus jugea fi mal des affaires, qu'il s'imagina que les Romains le laifferoient tranquille en Afie; mais ils l'y fuivirent : il fut vaincu encore; & dans fa confternation, il confentit au traité le plus infâme qu'un grand Prince ait jamais fait.

Je ne fçache rien de fi magnanime que la réfolution que prit un Monarque qui a régné de nos jours (1), de s'enfevelir plutôt fous les débris du trône, que d'accepter des propofitions qu'un Roi ne doit pas entendre : il avoit l'ame trop fiere, pour defcendre plus bas que fes malheurs ne l'avoient mis; & il fçavoit bien que le courage peut raffermir une Couronne, & que l'infamie ne le fait jamais.

(1) Louis XIV.

C'est une chose commune de voir CHAP. des Princes qui sçavent donner une ba- V. taille : il y en a bien peu qui sçachent faire une guerre ; qui soient également capables de se servir de la fortune & de l'attendre ; & qui, avec cette disposition d'esprit qui donne de la méfiance avant que d'entreprendre, aient celle de ne craindre plus rien après avoir entrepris.

Après l'abaissement d'ANTIOCHUS, il ne restoit plus que de petites Puissances, si l'on en excepte l'Egypte, qui par sa situation, sa fécondité, son commerce, le nombre de ses habitans, ses forces de mer & de terre, auroit pu être formidable : mais la cruauté de ses Rois, leur lâcheté, leur avarice, leur imbécillité, leurs affreuses voluptés, les rendirent si odieux à leurs sujets, qu'ils ne se soutinrent la plupart du temps que par la protection des Romains.

C'étoit en quelque façon une loi fondamentale de la Couronne d'Egypte, que les sœurs succédoient avec les freres ; & afin de maintenir l'unité dans le gouvernement, on marioit le frere avec la sœur. Or il est difficile de rien imaginer de plus pernicieux dans la politique qu'un pareil ordre de succession; car tous les petits démêlés domestiques devenant des désordres dans l'Etat, celui des deux qui avoit le moindre chagrin, soulevoit d'abord contre l'autre le peuple d'Alexandrie, populace immense, toujours prête à se joindre au premier de ses Rois qui vouloit l'agiter. De plus, les Royaumes de Cyrene & de Chypre étant ordinairement entre les mains d'autres Princes de cette Maison, avec des droits réciproques sur le tout, il arrivoit qu'il y avoit presque toujours des Princes régnans, & des prétendans à la Couronne; que ces Rois étoient sur un Trône chancelant; & que, mal établis au-dedans, ils étoient sans pouvoir au-dehors.

Les forces des Rois d'Egypte, comme celles des autres Rois d'Asie, consistoient dans leurs auxiliaires Grecs. Outre l'esprit de liberté, d'honneur & de gloire qui animoit les Grecs, ils s'occupoient sans cesse à toutes sortes d'exercices du corps : ils avoient dans leurs principales Villes des jeux établis,

ET LEUR DÉCADENCE. 65

blis, où les vainqueurs obtenoient des couronnes aux yeux de toute la Gréce ; ce qui donnoit une émulation générale. Or dans un temps où l'on combattoit avec des armes dont le succès dépendoit de la force & de l'adresse de celui qui s'en servoit, on ne peut douter que des gens ainsi exercés n'eussent de grands avantages sur cette foule de barbares pris indifféremment, & menés sans choix à la guerre, comme les Armées de Darius le firent bien voir.

Les Romains, pour priver les Rois d'une telle milice, & leur ôter sans bruit leurs principales forces, firent deux choses : premiérement ils établirent peu à peu comme une maxime chez les Villes Grecques qu'elles ne pourroient avoir aucune alliance, accorder du secours, ou faire la guerre à qui que ce fut, sans leur consentement; de plus dans leurs traités avec les (1) Rois, ils leur défendirent de faire aucunes levées chez les Alliés des Romains, ce qui les réduisit à leurs troupes nationales.

(1) Ils avoient déja eu cette politique avec les Carthaginois, qu'ils obligerent par le Traité à ne plus se servir de troupes auxiliaires, comme on le voit dans un fragment de Dion.

F

CHAPITRE VI.

De la conduite que les Romains tinrent pour soumettre tous les Peuples.

CHAP. VI. DANS le cours de tant de prospérités où l'on se néglige pour l'ordinaire, le Sénat agissoit toujours avec la même profondeur; & pendant que les Armées consternoient tout, il tenoit à terre ceux qu'il trouvoit abattus.

Il s'érigea en tribunal qui jugea tous les Peuples : à la fin de chaque guerre il décidoit des peines & des récompenses que chacun avoit méritées; il ôtoit une partie du Domaine du Peuple vaincu, pour la donner aux Alliés; en quoi il faisoit deux choses; il attachoit à Rome des Rois, dont elle avoit peu à craindre, & beaucoup à espérer; & il en affoiblissoit d'autres, dont elle n'avoit rien à espérer, & tout à craindre.

On se servoit des Alliés pour faire la guerre à un Ennemi, mais d'abord on détruisit les destructeurs: PHILIPPE fut vaincu par le moyen des Etoliens, qui furent anéantis d'abord après pour s'être joints à ANTIOCHUS: ANTIOCHUS fut vaincu par le secours des Rhodiens; mais après qu'on leur eût donné des récompenses éclatantes, on les humilia pour jamais, sous prétexte qu'ils avoient demandé qu'on fît la paix avec PERSÉE.

Quand ils avoient plusieurs Ennemis sur les bras, ils accordoient une tréve au plus foible, qui se croyoit heureux de l'obtenir, comptant pour beaucoup d'avoir différé sa ruine.

Lorsque l'on étoit occupé à une grande guerre, le Sénat dissimuloit toutes sortes d'injures, & attendoit dans le silence que le temps de la punition fût venu: que si quelque Peuple lui envoyoit les coupables, il refusoit de les punir, aimant mieux tenir toute la Nation pour criminelle, & se réserver une vengeance utile.

Comme ils faisoient à leurs Ennemis des maux inconcevables, il ne se formoit guéres de ligues contre eux; car celui qui étoit le plus éloigné du péril, ne vouloit pas en approcher.

Par-là ils recevoient rarement la guerre, mais la faisoient toujours dans le temps, de la maniere, & avec ceux qu'il leur convenoit; & de tant de Peuples qu'ils attaquerent, il y en a bien peu qui n'eussent souffert toutes sortes d'injures, si l'on avoit voulu les laisser en paix.

Leur coutume étant de parler toujours en maîtres, les Ambassadeurs qu'ils envoyoient chez les Peuples qui n'avoient point encore senti leur puissance, étoient sûrement maltraités; ce qui étoit un (1) prétexte sûr pour faire un nouvelle guerre.

Comme ils ne faisoient jamais la paix de bonne foi, & que dans le dessein d'envahir tout, leurs traités n'étoient proprement que des suspensions de guerre: ils y mettoient des conditions qui commençoient toujours la ruine de l'Etat qui les acceptoit; ils faisoient sortir les garnisons des places fortes, ou bornoient le nombre des troupes de terres, ou se faisoient livrer

(1) Un des exemples de cela, c'est leur guerre contre les Dalmates. Voyez Polybe.

les chevaux ou les éléphans; & si ce Peuple étoit puissant sur la mer, ils l'obligeoient de brûler ses vaisseaux, & quelquefois d'aller habiter plus avant dans les terres.

Après avoir détruit les armées d'un Prince, ils ruinoient ses finances, par des taxes excessives, ou un tribut, sous prétexte de lui faire payer les frais de la guerre : nouveau genre de tyrannie, qui le forçoit d'opprimer ses sujets, & de perdre leur amour.

Lorsqu'ils accordoient la paix à quelque Prince, ils prenoient quelqu'un de ses freres ou de ses enfans en ôtage ; ce qui leur donnoit le moyen de troubler son Royaume à leur fantaisie. Quand ils avoient le plus proche héritier, ils intimidoient le possesseur ; s'ils n'avoient qu'un Prince d'un dégré éloigné, ils s'en servoient pour animer les révoltes des Peuples.

Quand quelque Prince ou quelque Peuple s'étoit soustrait de l'obéissance de son Souverain, ils lui accordoient d'abord le titre (1) d'Allié du Peuple.

(1) Voyez sur-tout leur traité avec les Juifs, au 1. Liv. des Machabées, ch. 8.

Romain; & par-là ils le rendoient sacré & inviolable : de maniere qu'il n'y avoit point de Roi, quelque grand qu'il fût, qui pût un moment être sûr de ses sujets, ni même de sa famille.

Quoique le titre de leur Allié fut une espece de servitude, il étoit (1) néanmoins très-recherché; car on étoit sûr que l'on ne recevoit d'injures que d'eux, & l'on avoit sujet d'espérer qu'elles seroient moindres : ainsi il n'y avoit point de services que les Peuples & les Rois ne fussent prêts de rendre, ni de bassesses qu'ils ne fissent pour l'obtenir.

Ils avoient plusieurs sortes d'Alliés. Les uns leur étoient unis par des priviléges, & une participation de leur grandeur, comme les Latins & les Herniques ; d'autres par l'établissement même, comme leurs Colonies; quelques-uns par les bienfaits, comme furent MASSINISSE, EUMENÉS & ATTALUS, qui tenoient d'eux leur Royaume ou leur aggrandissement; d'autres

___

(1) Ariarathe fit un sacrifice aux Dieux, dit Polybe, pour le remercier de ce qu'il avoit obtenu cette Alliance.

par des traités libres, & ceux-là devenoient sujets par un long usage de l'alliance, comme les Rois d'Egypte, de Bithynie, de Cappadoce, & la plupart des Villes Grecques; plusieurs enfin par des traités forcés, & par la loi de leur sujétion, comme PHILIPPE & ANTIOCHUS: car ils n'accordoient point de paix à un Ennemi qui ne contînt une Alliance; c'est-à-dire, qu'ils ne soumettoient point de Peuple, qui ne leur servît à en abaisser d'autres.

Lorsqu'ils laissoient la liberté à quelques Villes, ils y faisoient d'abord naître deux factions (1); l'une défendoit les loix & la liberté du pays, l'autre soutenoit qu'il n'y avoit de loi que la volonté des Romains; & comme cette derniere faction étoit toujours la plus puissante, on voit bien qu'une pareille liberté n'étoit qu'un nom.

Quelquefois ils se rendoient maîtres d'un pays sous prétexte de succession: ils entrerent en Asie, en Bithynie, en Lybie, par les testamens d'ATTALUS, de NICOMEDE (2) & d'APPION; &

(1) Voyez Polybe sur les Villes de Gréce.
(2) Fils de Philopator.

l'Egypte fut enchaînée par celui du Roi de Cyrene.

Pour tenir les grands Princes toujours foibles, ils ne vouloient pas qu'ils reçussent dans leur Alliance ceux à qui ils avoient accordé la leur (1) ; & comme ils ne la refusoient à aucun des voisins d'un Prince puissant, cette condition mise dans un traité de paix ne lui laissoit plus d'Alliés.

De plus, lorsqu'ils avoient vaincu quelque Prince considérable, ils mettoient dans le traité qu'il ne pourroit faire la guerre pour ses différends avec les Alliés des Romains (c'est-à-dire, ordinairement avec tous ses voisins ;) mais qu'il les mettroit en arbitrage : ce qui lui ôtoit pour l'avenir la puissance militaire.

Et pour se la réserver toute, ils en privoient leurs Alliés même : dès que ceux-ci avoient le moindre démêlé, ils envoyoient des Ambassadeurs qui les obligeoient de faire la paix. Il n'y a qu'à voir comme ils terminerent les guerres d'ATTALUS & de PRUSIAS.

Quand quelque Prince avoit fait une

(1) Ce fut le cas d'Antiochus.

conquête,

conquête, qui souvent l'avoit épuisé, un Ambassadeur Romain survenoit d'abord qui la lui arrachoit des mains : entre mille exemples, on peut se rappeller comment avec une parole ils chasserent d'Egypte ANTIOCHUS.

Sçachant combien les Peuples d'Europe étoient propres à la guerre, ils établirent comme une loi, qu'il ne seroit permis (1) à aucun Roi d'Asie d'entrer en Europe, & d'y assujettir quelque Peuple que ce fut. Le principal motif de la guerre qu'ils firent à Mithridate (2), fut que, contre cette défense, il avoit soumis quelques Barbares.

Lorsqu'ils voyoient que deux Peuples étoient en guerre, quoiqu'ils n'eussent aucune Alliance, ni rien à démêler avec l'un ni avec l'autre, ils ne laissoient pas de paroître sur la scène ; & comme nos Chevaliers errans, ils prenoient le parti du plus foible. C'étoit, dit Denys d'Halicarnasse (3), une an-

---

(1) La défense faite à Antiochus, même avant la guerre, de passer en Europe, devint générale contre les autres Rois.
(2) Appian, *de bello Mithrid.*
(3) Fragment de Denys tiré de l'extrait des Ambassades.

cienne coutume des Romains d'accorder toujours leur secours à quiconque venoit l'implorer.

Ces coutumes des Romains n'étoient point quelques faits particuliers arrivés par hazard ; c'étoient des principes toujours constans : & cela se peut voir aisément ; car les maximes dont ils firent usage contre les plus grandes Puissances, furent précisément celles qu'ils avoient employées dans les commencemens contre les petites Villes qui étoient autour d'eux.

Ils se servirent d'Eumenès & de Massinisse pour subjuguer Philippe & Antiochus, comme ils s'étoient servis des Latins & des Herniques pour subjuguer les Volsques & les Toscans ; ils se firent livrer les flottes de Carthage & des Rois d'Asie, comme ils s'étoient fait donner les barques d'Antium ; ils ôterent les liaisons politiques & civiles entre les quatre parties de la Macédoine, comme ils avoient autrefois rompu l'union des petites Villes Latines (1).

Mais sur-tout leur maxime constan-

(1) Tite-Live, *liv.* 7.

te fut de diviser. La République d'A-
chaïe étoit formée par une Association
de Villes libres ; le Sénat déclara que
chaque Ville se gouverneroit dorénavant par ses propres loix, sans dépendre d'une autorité commune.

La République des Béotiens étoit
pareillement une Ligue de plusieurs
Villes : Mais comme, dans la guerre
contre Persée, les unes suivirent le
parti de ce Prince, les autres celui
des Romains, ceux-ci les reçurent en
grace, moyennant la dissolution de
l'Alliance commune.

Si un grand Prince, qui a régné de
nos jours, avoit suivi ces maximes,
lorsqu'il vit un de ses voisins détrôné,
il auroit employé de plus grandes forces pour le soutenir, & le borner dans
l'Isle qui lui resta fidelle : en divisant
la seule Puissance qui pût s'opposer à
ses desseins, il auroit tiré d'immenses
avantages du malheur même de son
Allié.

Lorsqu'il y avoit quelques disputes
dans un Etat, ils jugeoient d'abord
l'affaire ; & par-là ils étoient sûrs de
n'avoir contre eux que la partie qu'ils

avoient condamnée. Si c'étoit des Princes du même sang qui se disputoient la Couronne, ils les déclaroient quelquefois tous deux Rois (1) : Si l'un d'eux étoit en bas âge (2), ils décidoient en sa faveur, & ils en prenoient la tutelle, comme protecteurs de l'Univers. Car ils avoient porté les choses au point, que les Peuples & les Rois étoient leurs Sujets, sans sçavoir précisément par quel titre; étant établi que c'étoit assez d'avoir oui parler d'eux, pour devoir leur être soumis.

Ils ne faisoient jamais de guerres éloignées, sans s'être procuré quelque Allié auprès de l'Ennemi qu'ils attaquoient, qui pût joindre ses troupes à l'Armée qu'ils envoyoient : & comme elle n'étoit jamais considérable par le nombre, ils observoient toujours d'en (3) tenir une autre dans la Pro-

(1) Comme il arriva à Ariarathe & Holopherne en Cappadoce. *Appian, in Syriac.*

(2) Pour pouvoir ruiner la Syrie en qualité de Tuteurs, ils se déclarerent pour le fils d'Antiochus encore enfant, contre Démétrius qui étoit chez eux en ôtage, & qui les conjuroit de lui rendre justice, disant que Rome étoit sa mere, & les Sénateurs ses peres.

(3) C'étoit une pratique constante, comme on peut voir par l'Histoire.

vince la plus voisine de l'Ennemi, & une troisiéme dans Rome toujours prête à marcher. Ainsi ils n'exposoient qu'une très-petite partie (1) de leurs forces, pendant que leur Ennemi mettoit au hazard toutes les siennes.

Quelquefois ils abusoient de la subtilité des termes de leur langue : ils détruisirent Carthage, disant qu'ils avoient promis de conserver la Cité, & non pas la Ville. On sçait comment les Etoliens, qui s'étoient abandonnés à leur foi, furent trompés ; les Romains prétendirent que la signification de ces mots, *s'abandonner à la foi d'un Ennemi*, emportoit la perte de toutes sortes de choses, des personnes, des terres, des Villes, des temples, & des sépultures mêmes.

Ils pouvoient même donner à un traité une interprétation arbitraire : ainsi, lorsqu'ils voulurent abaisser les Rhodiens, ils dirent qu'ils ne leur avoient pas donné autrefois la Lycie comme présent, mais comme amie & alliée.

(1) Voyez comme ils se conduisirent dans la guerre de Macédoine.

Lorsqu'un de leurs Généraux faisait la paix pour sauver son Armée prête à périr, le Sénat, qui ne la ratifioit point, profitoit de cette paix, & continuoit la guerre. Ainsi quand JUGURTHA eut enfermé une Armée Romaine, & qu'il l'eut laissée aller sous la foi d'un traité, on se servit contre lui des troupes mêmes qu'il avoit sauvées : & lorsque les Numantins eurent réduit vingt mille Romains prêts à mourir de faim à demander la paix, cette paix qui avoit sauvé tant de Citoyens fut rompue à Rome, & l'on éluda la foi publique (1), en envoyant le Consul qui l'avoit signée.

Quelquefois ils traitoient de la paix avec un Prince sous des conditions raisonnables ; & lorsqu'il les avoit exécutées, ils en ajoutoient de telles, qu'il étoit forcé de recommencer la guerre. Ainsi, quand ils se furent fait livrer (2)

(1) Ils en agirent de même avec les Samnites, les Lusitaniens, & les Peuples de Corse. Voyez sur ces derniers un fragment du *liv.* 1. de Dion.

(2) Ils en agirent de même avec Viriate : après lui avoir fait rendre les transfuges, on lui demanda qu'il rendît les armes, à quoi ni lui ni les siens ne purent consentir. *Fr. de Dion.*

par JUGURTHA ses éléphans, ses chevaux, ses trésors, ses transfuges, ils lui demanderent de livrer sa personne ; chose qui étant pour un Prince le dernier des malheurs, ne peut jamais faire une condition de paix.

Enfin ils jugerent les Rois pour leurs fautes & leurs crimes particuliers ; ils écouterent les plaintes de tous ceux qui avoient quelques démêlés avec PHILIPPE ; ils envoyerent des Députés pour pourvoir à leur sûreté ; & ils firent accuser PERSÉE devant eux pour quelques meurtres & quelques querelles avec des Citoyens des Villes alliées.

Comme on jugeoit de la gloire d'un Général par la quantité de l'or & de l'argent qu'on portoit à son Triomphe, il ne laissoit rien à l'Ennemi vaincu. Rome s'enrichissoit toujours, & chaque guerre la mettoit en état d'en entreprendre une autre.

Les Peuples qui étoient amis ou alliés se ruinoient (1) tous par les pré-

(1) Les présens que le Sénat envoyoit aux Rois n'étoient que des bagatelles, comme une chaise & un bâton d'yvoire, ou quelque robe de Magistrature.

sens immenses qu'ils faisoient pour conserver la faveur, ou l'obtenir plus grande; & la moitié de l'argent qui fut envoyé pour ce sujet aux Romains, auroit suffi pour les vaincre.

Maîtres de l'Univers, ils s'en attribuerent tous les trésors : ravisseurs moins injustes en qualité de Conquérans, qu'en qualité de Législateurs. Ayant sçu que PTOLOMÉE, Roi de Chypre, avoit des richesses immenses, ils firent (1) une Loi, sur la proposition d'un Tribun, par laquelle ils se donnerent l'hérédité d'un homme vivant, & la confiscation d'un Prince allié.

Bien-tôt la cupidité des particuliers acheva d'enlever ce qui avoit échapé à l'avarice publique. Les Magistrats & les Gouverneurs vendoient aux Rois leurs injustices. Deux compétiteurs se ruinoient à l'envie, pour acheter une protection toujours douteuse contre un rival qui n'étoit pas entiérement épuisé : car on n'avoit pas même cette justice des brigands, qui portent une certaine probité dans l'exercice du crime.

(1) Florus, L. 3. ch. 9.

Enfin les droits légitimes ou usurpés ne se soutenant que par de l'argent, les Princes pour en avoir dépouilloient les Temples, confisquoient les biens des plus riches Citoyens : on faisoit mille crimes, pour donner aux Romains tout l'argent du monde.

Mais rien ne servit mieux Rome que le respect qu'elle imprima à la terre : Elle mit d'abord les Rois dans le silence, & les rendit comme stupides; il ne s'agissoit pas du dégré de leur puissance, mais leur personne propre étoit attaquée ; risquer une guerre, c'étoit s'exposer à la captivité, à la mort, à l'infamie du triomphe. Ainsi des Rois qui vivoient dans le faste & dans les délices, n'osoient jetter des regards fixes sur le Peuple Romain ; & perdant le courage, ils attendoient de leur patience & de leurs bassesses (1) quelque délai aux miseres dont ils étoient menacés.

Remarquez, je vous prie, la conduite des Romains. Après la défaite d'An-

---

(1) Ils cachoient, autant qu'ils pouvoient, leur puissance & leurs richesses aux Romains. Voyez là-dessus un *fragm. du liv.* 1. de Dion.

TIOCHUS, ils étoient maîtres de l'Afrique, de l'Asie & de la Grece, sans y avoir presque de Ville en propre. Il sembloit qu'ils ne conquissent que pour donner; mais ils restoient si bien les maîtres, que, lorsqu'ils faisoient la guerre à quelque Prince, ils l'accabloient, pour ainsi dire, du poids de tout l'Univers.

Il n'étoit pas temps encore de s'emparer des pays conquis. S'ils avoient gardé les Villes prises à PHILIPPE, ils auroient fait ouvrir les yeux aux Grecs: si après la seconde guerre Punique ou celle contre ANTIOCHUS, ils avoient pris des terres (1) en Afrique ou en Asie, ils n'auroient pu conserver des conquêtes si peu solidement établies.

Il falloit attendre que toutes les Nations fussent accoutumées à obéir comme libres & comme alliées, avant de leur commander comme sujettes; & qu'elles eussent été se perdre peu-à-peu dans la République Romaine.

(1) Ils n'oserent y exposer leurs Colonies: ils aimerent mieux mettre une jalousie éternelle entre les Carthaginois & Massinisse, & se servir du secours des uns & des autres pour soumettre la Macédoine & la Gréce.

Voyez le Traité (1) qu'ils firent avec les Latins, après la victoire du Lac Regille : il fut un des principaux fondemens de leur puissance. On n'y trouve pas un seul mot qui puisse faire soupçonner l'Empire.

C'étoit une maniere lente de conquérir : on vainquoit un Peuple, & on se contentoit de l'affoiblir ; on lui imposoit des conditions qui le minoient insensiblement ; s'il se relevoit, on l'abaissoit encore davantage : & il devenoit sujet, sans qu'on pût donner une époque de sa sujétion.

Ainsi Rome n'étoit pas proprement une Monarchie ou une République, mais la Tête du Corps formé par tous les Peuples du monde.

Si les Espagnols, après la conquête du Mexique & du Pérou, avoient suivi ce plan, ils n'auroient pas été obligés de tout détruire pour tout conserver.

C'est la folie des Conquérans de vouloir donner à tous les Peuples leurs loix & leurs coutumes : cela n'est bon

(1) Denys d'Halicarnasse le rapporte, liv. 6. ch. 95. Edit. d'Oxf.

à rien; car dans toute sorte de gouvernement on est capable d'obéir.

Mais Rome n'imposant aucunes loix générales, les Peuples n'avoient point entre eux de liaisons dangereuses; ils ne faisoient un corps que par une obéissance commune; & sans être compatriotes, ils étoient tous Romains.

On objectera peut-être que les Empires fondés sur les loix des Fiefs, n'ont jamais été durables, ni puissans. Mais il n'y a rien au monde de si contradictoire que le plan des Romains & celui des Barbares: & pour n'en dire qu'un mot, le premier étoit l'ouvrage de la force, l'autre de la foiblesse; dans l'un la sujétion étoit extrême, dans l'autre l'indépendance; dans les pays conquis par les Nations Germaniques le pouvoir étoit dans la main des Vassaux, le droit seulement dans la main du Prince: c'étoit tout le contraire chez les Romains.

CHAPITRE VII.

Comment Mithridate put leur résister.

DE tous les Rois que les Romains attaquerent, MITHRIDATE seul se défendit avec courage, & les mit en péril.

La situation de ses Etats étoit admirable pour leur faire la guerre. Ils touchoient au pays inaccessible du Caucase, rempli de Nations féroces dont on pouvoit se servir; de-là ils s'étendoient sur la mer du Pont; MITHRIDATE la couvroit de ses vaisseaux, & alloit continuellement acheter de nouvelles armées de Scythes; l'Asie étoit ouverte à ses invasions : il étoit riche, parce que ses Villes sur le Pont-Euxin faisoient un commerce avantageux avec des Nations moins industrieuses qu'elles.

Les proscriptions dont la coutume commença dans ces temps-là, obligerent plusieurs Romains de quitter leur patrie. MITHRIDATE les reçut à bras ouverts; il forma des Légions (1) où il les fit entrer, qui furent ses meilleures troupes.

D'un autre côté, Rome travaillée par ses diffentions civiles, occupée de maux plus preffans, négligea les affaires d'Afie, & laiffa MITHRIDATE fuivre fes victoires, ou refpirer après fes défaites.

Rien n'avoit plus perdu la plupart des Rois que le defir manifefte qu'ils témoignoient de la paix; ils avoient détourné par-là tous les autres Peuples de partager avec eux un péril dont ils vouloient tant fortir eux-mêmes. Mais MITHRIDATE fit d'abord fentir à toute la terre qu'il étoit ennemi des Romains, & qu'il le feroit toujours.

Enfin les Villes de Gréce & d'Afie voyant que le joug des Romains s'appefantiffoit tous les jours fur elles, mi-

____

(1) Frontin, *Stratagem.* L. 2. dit qu'Archelaüs, Lieutenant de Mithridate, combattant contre Sylla, mit au premier rang les chariots à faulx, au fecond fa phalange, au troifiéme les auxiliaires armés à la Romaine, *mixtis fugitivis Italiæ quorum pervicaciæ multùm fidebat.* Mithridate fit même une alliance avec Sertorius. Voyez auffi Plutarque, *Vie de Lucullus.*

rent leur confiance dans ce Roi barbare, qui les appelloit à la liberté.

Cette difposition des chofes produifit trois grandes guerres, qui forment un des beaux morceaux de l'Hiftoire Romaine, parce qu'on n'y voit pas des Princes déja vaincus par les délices & l'orgueil, comme Antiochus & Tigrane, ou par la crainte, comme Philippe, Persée, & Jugurtha ; mais un Roi magnanime qui dans les adverfités, tel qu'un lion qui regarde fes bleffures, n'en étoit que plus indigné.

Elles font fingulieres, parce que les révolutions y font continuelles & toujours inopinées : car fi Mithridate pouvoit aifément réparer fes armées, il arrivoit auffi que dans les revers, où l'on a plus befoin d'obéiffance & de difcipline, fes troupes barbares l'abandonnoient : s'il avoit l'art de folliciter les Peuples & de faire révolter les Villes, il éprouvoit à fon tour des perfidies de la part de fes Capitaines, de fes enfans, & de fes femmes : enfin s'il eut affaire à des Généraux Romains malhabiles, on envoya contre lui en divers tems Sylla, Lucullus, & Pompée.

Ce Prince, après avoir battu les Généraux Romains, & fait la conquête de l'Asie, de la Macédoine, & de la Gréce, ayant été vaincu à son tour par Sylla, réduit par un traité à ses anciennes limites, fatigué par les Généraux Romains, devenu encore une fois leur vainqueur & le conquérant de l'Asie, chassé par Lucullus, suivi dans son propre pays, fut obligé de se retirer chez Tigrane : & le voyant perdu sans ressource, après sa défaite, ne comptant plus que sur lui-même, il se réfugia dans ses propres Etats, & s'y rétablit.

Pompée succéda à Lucullus, & Mithridate en fut accablé : il fuit de ses Etats ; & passant l'Araxe, il marcha de péril en péril par le pays des Laziens : & ramassant dans son chemin ce qu'il trouva de Barbares, il parut dans le Bosphore devant son fils (1) Maccharés qui avoit fait sa paix avec les Romains.

(1) Mithridate l'avoit fait Roi du Bosphore : sur la nouvelle de l'arrivée de son pere, il se donna la mort.

Dans l'abyfme où il étoit, il (1) forma le deffein de porter la guerre en Italie, & d'aller à Rome avec les mêmes Nations qui l'afservirent quelques siécles après, & par le même chemin qu'elles tinrent.

Trahi par PHARNACE un autre de fes fils, & par une armée effrayée de la grandeur de fes entreprifes, & des hazards qu'il alloit chercher, il mourut en Roi.

Ce fut alors que POMPÉE, dans la rapidité de fes victoires, acheva le pompeux ouvrage de la grandeur de Rome; il unit au Corps de fon Empire des pays infinis : ce qui fervit plus au fpectacle de la magnificence Romaine, qu'à fa vraie puiffance ; & quoiqu'il parut par les écritaux portés à fon triomphe qu'il avoit augmenté le revenu du Fifc (2) de plus d'un tiers, le pouvoir n'augmenta pas, & la liberté publique n'en fut que plus expofée.

(1) Voyez Appian, *de bello Mithridatico*.
(2) Voyez Plutarque, dans la *Vie de Pompée*, & Zonaras, *l. 2*.

CHAPITRE VIII.

Des divisions qui furent toujours dans la Ville.

PENDANT que Rome conquéroit l'Univers, il y avoit dans ses murailles une guerre cachée ; c'étoient des feux comme ceux de ces Volcans, qui sortent si-tôt que quelque matiere vient en augmenter la fermentation.

Après l'expulsion des Rois, le gouvernement étoit devenu Aristocratique : les familles Patriciennes obtenoient seules toutes (1) les Magistratures, toutes les dignités, & par conséquent tous les (2) honneurs militaires & civils.

Les Patriciens voulant empêcher le

---

(1) Les Patriciens avoient même en quelque façon un Caractere sacré ; il n'y avoit qu'eux qui pussent prendre les Auspices. Voyez dans Tite-Live, *liv.* 6. la Harangue d'Appius Claudius.

(2) Par exemple, il n'y avoit qu'eux qui pussent triompher, puisqu'il n'y avoit qu'eux qui pussent être Consuls & commander les armées.

retour des Rois, chercherent à aug-menter le mouvement qui étoit dans l'esprit du Peuple; mais ils firent plus qu'ils ne voulurent: à force de lui donner de la haine pour les Rois, ils lui donnerent un desir immodéré de la liberté. Comme l'autorité Royale avoit passé toute entiere entre les mains des Consuls, le Peuple sentit que cette liberté dont on vouloit lui donner tant d'amour, il ne l'avoit pas: il chercha donc à abaisser le Consulat, à avoir des Magistrats Plébeïens, & à partager avec les Nobles les Magistratures Curules. Les Patriciens furent forcés de lui accorder tout ce qu'il demanda; car dans une Ville où la pauvreté étoit la vertu publique, où les richesses, cette voie sourde pour acquérir la puissance, étoient méprisées, la naissance & les dignités ne pouvoient pas donner de grands avantages. La puissance devoit donc revenir au plus grand nombre, & l'Aristocratie se changer peu à peu en un Etat populaire.

Ceux qui obéissent à un Roi, sont moins tourmentés d'envie & de jalousie, que ceux qui vivent dans une Aristocratie héréditaire. Le Prince est si loin de ses sujets, qu'il n'en est presque pas vu ; & il est si fort au-dessus d'eux, qu'ils ne peuvent imaginer aucun rapport qui puisse les choquer : Mais les Nobles qui gouvernent sont sous les yeux de tous, & ne sont pas si élevés, que des comparaisons odieuses ne se fassent sans cesse. Aussi a-t'on vu de tout temps, & le voit-on encore, le Peuple détester les Sénateurs. Les Républiques où la naissance ne donne aucune part au gouvernement, sont à cet égard les plus heureuses ; car le Peuple peut moins envier une autorité qu'il donne à qui il veut, & qu'il reprend à sa fantaisie.

Le Peuple mécontent des Patriciens, se retira sur le Mont Sacré : on lui envoya des Députés qui l'appaiserent : & comme chacun se promit secours l'un à l'autre, en cas que les Patriciens ne tinssent (1) pas les paroles données, ce qui eut causé à tous les instans des séditions, & auroit troublé toutes les fonctions des Magistrats, on jugea qu'il valoit mieux créer une Magistra-

(1) Zonaras, *liv.* 2.

ture (1) qui pût empêcher les injustices faites à un Plébeïen. Mais, par une maladie éternelle des hommes, les Plébeïens qui avoient obtenu des Tribuns pour se défendre, s'en servirent pour attaquer; ils enleverent peu à peu toutes les prérogatives des Patriciens : cela produisit des contestations continuelles. Le Peuple étoit soutenu, ou plutôt animé par ses Tribuns : & les Patriciens étoient défendus par le Sénat, qui étoit presque tout composé de Patriciens, qui étoit plus porté pour les maximes anciennes, & qui craignoit que la populace n'élevât à la tyrannie quelque Tribun.

Le Peuple employoit pour lui ses propres forces, & sa supériorité dans les suffrages, ses refus d'aller à la guerre, ses menaces de se retirer, la partialité de ses loix, enfin ses Jugemens contre ceux qui lui avoient fait trop de résistance : le Sénat se défendoit par sa sagesse, sa justice, & l'amour qu'il inspiroit pour la Patrie, par ses bienfaits, & une sage dispensation des trésors de la République, par le respect que le

(1) Origine des Tribuns du Peuple.

Peuple avoit pour la gloire des principales (1) familles, & la vertu des grands personnages, par la Religion même, les institutions anciennes, & la suppression des jours d'assemblée, sous prétexte que les Auspices n'avoient pas été favorables, par les Cliens, par l'opposition d'un Tribun à un autre, par la création d'un (2) Dictateur, les occupations d'une nouvelle guerre, ou les malheurs qui réunissoient tous les intérêts, enfin par une

---

(1) Le Peuple qui aimoit la gloire, composé de gens qui avoient passé leur vie à la guerre, ne pouvoit refuser ses suffrages à un grand homme sous lequel il avoit combattu. Il obtenoit le droit d'élite des Plébeïens, & il élisoit des Patriciens. Il fut obligé de se lier les mains, en établissant qu'il y auroit toujours un Consul Plébeïen: aussi les familles Plébeïennes qui entrerent dans les Charges, y furent-elles ensuite continuellement portées: & quand le Peuple éleva aux honneurs quelqu'homme de néant, comme Varron & Marius, ce fut une espéce de victoire qu'il remporta sur lui-même.

(2) Les Patriciens, pour se défendre, avoient coutume de créer un Dictateur; ce qui leur réussissoit admirablement bien: Mais les Plébeïens ayant obtenu de pouvoir être élus Consuls, purent aussi être élus Dictateurs; ce qui déconcerta les Patriciens. Voyez dans Tite-Live, l. 8. comment Publilius Philo les abaissa dans sa Dictature : il fit trois Loix qui leur furent très-préjudiciables.

condescendance paternelle à accorder au Peuple une partie de ses demandes pour lui faire abandonner les autres, & cette maxime constante de préférer la conservation de la République aux prérogatives de quelque Ordre ou de quelque Magistrature que ce fût.

CHAP. VIII.

Dans la suite des temps, lorsque les Plébeïens eurent tellement abaissé les Patriciens que cette (1) distinction de famille devint vaine, & que les unes & les autres furent indifféremment élevées aux honneurs, il y eut de nouvelles disputes entre le bas Peuple agité par ses Tribuns, & les principales familles Patriciennes ou Plébeïennes qu'on appella les Nobles, & qui avoient pour elles le Sénat qui en étoit composé. Mais comme les mœurs anciennes n'étoient plus, que des particuliers avoient des richesses immenses, & qu'il est impossible que les richesses ne donnent du pouvoir, les Nobles résisterent avec plus de force que les Patriciens n'avoient fait ; ce qui fut cause

(1) Les Patriciens ne conserverent que quelques Sacerdoces, & le droit de créer un Magistrat qu'on appelloit Entre-Roi.

CHAP. VIII. de la mort des GRACCHES, & de (1) plufieurs de ceux qui travaillerent fur leur plan.

Il faut que je parle d'une Magiftrature qui contribua beaucoup à maintenir le gouvernement de Rome ; ce fut celle des Cenfeurs. Ils faifoient le dénombrement du Peuple ; & de plus, comme la force de la République confiftoit dans la difcipline, l'auftérité des mœurs, & l'obfervation conftante de certaines coutumes, ils corrigeoient les abus que la Loi n'avoit pas prévus, ou que le Magiftrat (2) ordinaire ne pouvoit pas punir. Il y a de mauvais exemples qui font pires que les crimes ; & plus d'Etats ont péri parce qu'on a violé les mœurs, que parce qu'on a violé les loix. A Rome, tout ce qui pouvoit introduire des nouveautés dangereufes, changer le cœur ou l'efprit du Citoyen, & en empêcher, fi j'ofe me fervir de ce terme, la perpétuité,

_____

(1) Comme Saturninus & Glaucas.
(2) On peut voir comme ils dégraderent ceux qui, après la bataille de Cannes, avoient été d'avis d'abandonner l'Italie; ceux qui s'étoient rendus à Annibal ; ceux qui par une mauvaife interprétation lui avoient manqué de parole

les

les désordres domestiques ou publics, étoient réformés par les Censeurs : ils pouvoient chasser du Sénat qui ils vouloient, ôter à un Chevalier le cheval qui lui étoit entretenu par le public, mettre un Citoyen dans une autre Tribu, & même parmi ceux qui payoient (1) les charges de la Ville sans avoir part à ses priviléges.

M. Livius (2) nota le Peuple même ; & de trente-cinq Tribus, il en mit trente-quatre au rang de ceux qui n'avoient point de part aux priviléges de la Ville. » Car, disoit-il, après « m'avoir condamné, vous m'avez fait « Consul & Censeur : il faut donc que « vous ayez prévariqué une fois en « m'infligeant une peine, ou deux fois « en me créant Consul & ensuite Cen- « seur. «

M. Duronius (3), Tribun du Peuple, fut chassé du Sénat par les Censeurs, parce que, pendant sa Magistra-

―――――――――――
(1) Cela s'appelloit : *Ærarium aliquem facere, aut in Caritum Tabulas referre.* On étoit mis hors de sa Centurie, & on n'avoit plus le droit de suffrage.
(2) Tite-Live, *l.* 29.
(3) Valere Maxime, *l.* 2.

ture, il avoit abrogé la loi qui bornoit les dépenses des festins.

C'étoit une institution bien sage : ils ne pouvoient ôter à personne une (1) Magistrature, parce que cela auroit troublé l'exercice de la puissance publique; mais ils faisoient décheoir de l'ordre & du rang, & privoient, pour ainsi dire, un Citoyen de sa noblesse particuliere.

Servius Tullius avoit fait la fameuse division par Centuries, que Tite-Live (2) & Denys d'Halicarnasse (3) nous ont si bien expliquée. Il avoit distribué cent quatre-vingt-treize Centuries en six classes, & mis tout le bas Peuple dans la derniere Centurie, qui formoit seule la sixiéme classe. On voit que cette disposition excluoit le bas Peuple du suffrage, non pas de droit, mais de fait. Dans la suite on régla, qu'excepté dans quelques cas particuliers, on suivroit dans les suffrages la division par Tribus. Il y en avoit trente-cinq qui donnoient chacune leur

(1) La dignité de Sénateur n'étoit pas une Magistrature.
(2) *Liv.* 1.
(3) *Liv.* 4. *art.* XV. *& suiv.*

voix, quatre de la Ville, & trente-une de la Campagne. Les principaux Citoyens, tous Laboureurs, entrerent naturellement dans les Tribus de la Campagne, & celles de la Ville reçurent le bas Peuple (1), qui, y étant enfermé, influoit très-peu dans les affaires; & cela étoit regardé comme le salut de la République : & quand FABIUS remit (2) dans les quatre Tribus de la Ville le menu Peuple, qu'APPIUS CLAUDIUS avoit répandu dans toutes, il en acquit le surnom de très-Grand. Les Censeurs jettoient les yeux tous les cinq ans sur la situation actuelle de la République, & distribuoient de maniere le Peuple dans ses diverses Tribus, que les Tribuns & les ambitieux ne pussent pas se rendre maîtres des suffrages, & que le Peuple même ne pût pas abuser de son pouvoir.

Le gouvernement de Rome fut admirable, en ce que depuis sa naissance sa constitution se trouva telle, soit par l'esprit du Peuple, la force du Senat, ou l'autorité de certains Magistrats,

(1) Appellé *Turba Forensis*.
(2) Voyez Tite-Live, *liv. 9*.

que tout abus du pouvoir y put toujours être corrigé.

Carthage périt, parce que, lorsqu'il fallut retrancher les abus, elle ne put souffrir la main de son Annibal même. Athénes tomba, parce que ses erreurs lui parurent si douces, qu'elle ne voulut pas en guérir. Et parmi nous les Républiques d'Italie, qui se vantent de la perpétuité de leur gouvernement, ne doivent se vanter que de la perpétuité de leurs abus; aussi n'ont-elles pas plus (1) de liberté que Rome n'en eut du temps des Décemvirs.

Le gouvernement d'Angleterre est plus sage, parce qu'il y a un Corps qui l'examine continuellement, & qui s'examine continuellement lui-même : & telles sont ses erreurs, qu'elles ne sont jamais longues; & que, par l'esprit d'attention qu'elles donnent à la Nation, elles sont souvent utiles.

En un mot, un gouvernement libre, c'est-à-dire, toujours agité, ne sçauroit se maintenir, s'il n'est par ses propres loix capable de correction.

(1) Ni même plus de puissance.

CHAPITRE IX.
Deux causes de la perte de Rome.

LORSQUE la domination de Rome étoit bornée dans l'Italie, la République pouvoit facilement subsister. Tout Soldat étoit également Citoyen : chaque Consul levoit une armée ; & d'autres Citoyens alloient à la guerre sous celui qui succédoit. Le nombre de troupes n'étant pas excessif, on avoit attention à ne recevoir dans la milice que des (1) gens qui eussent assez de

---

(1) Les Affranchis & ceux qu'on appelloit *capite Censi*, parce qu'ayant très-peu de bien ils n'étoient taxés que pour leur tête, ne furent point d'abord enrôlés dans la milice de terre, excepté dans les cas pressans ; Servius Tullius les avoit mis dans la sixiéme classe, & on ne prenoit des Soldats que dans les cinq premieres : mais Marius partant contre Jugurtha, enrôla indifféremment tout le monde : *Milites scribere*, dit Salusté, *non more majorum neque classibus, sed uti cujusque libido erat, capite Censos plerosque* : De bello Jugurth. Remarquez que, dans la division par Tribus, ceux qui étoient dans les quatre Tribus de la Ville, étoient à peu près les mêmes que ceux qui, dans la division par Centurie, étoient dans la sixiéme classe.

bien pour avoir intérêt à la conservation de la Ville. Enfin le Sénat voyoit de près la conduite des Généraux, & leur ôtoit la pensée de rien faire contre leur devoir.

Mais lorsque les Légions passerent les Alpes & la mer, les gens de guerre, qu'on étoit obligé de laisser pendant plusieurs campagnes dans les pays que l'on soumettoit, perdirent peu à peu l'esprit de Citoyens ; & les Généraux, qui disposerent des Armées & des Royaumes, sentirent leur force, & ne purent plus obéir.

Les Soldats commencerent donc à ne reconnoître que leur Général, à fonder sur lui toutes leurs espérances, & à voir de plus loin la Ville. Ce ne furent plus les Soldats de la République, mais de Sylla, de Marius, de Pompée, de César. Rome ne put plus sçavoir si celui qui étoit à la tête d'une Armée dans une Province, étoit son Général ou son ennemi.

Tandis que le Peuple de Rome ne fut corrompu que par ses Tribuns, à qui il ne pouvoit accorder que sa puissance même, le Sénat put aisément se défendre, parce qu'il agiſſoit conſtamment ; au lieu que la populace paſſoit ſans ceſſe de l'extrémité de la fougue à l'extrémité de la foibleſſe : Mais quand le Peuple put donner à ſes favoris une formidable autorité au-dehors, toute la ſageſſe du Sénat devint inutile, & la République fut perdue.

Ce qui fait que les Etats libres durent moins que les autres, c'eſt que les malheurs & les ſuccès qui leur arrivent leur font preſque toujours perdre la liberté ; au lieu que les ſuccès & les malheurs d'un Etat où le Peuple eſt ſoumis, confirment également ſa ſervitude. Une République ſage ne doit rien hazarder qui l'expoſe à la bonne ou à la mauvaiſe fortune ; le ſeul bien auquel elle doit aſpirer, c'eſt à la perpétuité de ſon Etat.

Si la grandeur de l'Empire perdit la République, la grandeur de la Ville ne la perdit pas moins.

Rome avoit ſoumis tout l'Univers avec le ſecours des Peuples d'Italie, auſquels elle avoit donné en différens temps divers priviléges (1) : la plupart

(1) *Jus Latii*, *jus Italicum*.

de ces Peuples ne s'étoient pas d'abord fort souciés du droit de Bourgeoisie chez les Romains ; & quelques-uns (1) aimerent mieux garder leurs usages. Mais lorsque ce droit fut celui de la Souveraineté universelle, qu'on ne fut rien dans le monde si l'on n'étoit Citoyen Romain, & qu'avec ce titre on étoit tout, les Peuples d'Italie résolurent de périr ou d'être Romains : ne pouvant en venir à bout par leurs brigues & par leurs prieres, ils prirent la voie des armes; ils se révolterent (2) dans tout ce côté qui regarde la mer Ionienne; les autres Alliés alloient les suivre. Rome obligée de combattre contre ceux qui étoient, pour ainsi dire, les mains avec lesquelles elle enchaînoit l'Univers, étoit perdue, elle alloit être réduite à ses murailles : elle

―――――――――――――――――――――――

(1) Les Eques disoient dans leurs assemblées : Ceux qui ont pu choisir, ont préféré leurs loix au droit de la Cité Romaine, qui a été une peine nécessaire pour ceux qui n'ont pu s'en défendre. Tite-Live, *l. 9.*

(2) Les Asculans, les Marses, les Vestins ; les Marrucins, les Ferentans, les Hirpins, les Pompeïans, les Venusiens, les Japiges, les Lucaniens, les Samnites & autres. Appian, *de la guerre civile*, L. 1.

accorda ce droit tant defiré aux Alliés qui n'avoient pas (1) encore ceffé d'être fidéles ; & peu à peu elle l'accorda à tous.

Pour lors Rome ne fut plus cette Ville dont le Peuple n'avoit eu qu'un même esprit, un même amour pour la liberté, une même haine pour la tyrannie ; où cette jaloufie du pouvoir du Sénat & des prérogatives des grands, toujours mêlée de respect, n'étoit qu'un amour de l'égalité. Les Peuples (2) d'Italie étant devenus fes Citoyens, chaque Ville y apporta fon génie, fes intérêts particuliers, & fa dépendance de quelque grand protecteur. La Ville déchirée ne forma plus un tout enfemble : & comme on n'en étoit Citoyen que par une efpéce de fiction, qu'on n'avoit plus les mêmes Magiftrats, les mêmes murailles, les mêmes Dieux, les mêmes Temples, les mêmes fépul-

(1) Les Tofcans, les Umbriens, les Latins. Cela porta quelque Peuple à fe foumettre : & comme on les fit auffi Citoyens, d'autres poférent encore les armes ; & enfin il ne refta que les Samnites qui furent exterminés.

(2) Qu'on s'imagine cette tête monftrueufe des Peuples d'Italie, qui par le fuffrage de chaque homme conduifoit le refte du monde.

tures; on ne vit plus Rome des mêmes yeux, on n'eut plus le même amour pour la patrie, & les sentimens Romains ne furent plus.

Les ambitieux firent venir à Rome des Villes & des Nations entieres, pour troubler les suffrages, ou se les faire donner; les assemblées furent de véritables conjurations; on appella *Comices* une troupe de quelques séditieux: l'autorité du Peuple, ses loix, lui-même, devinrent des choses chimériques: & l'Anarchie fut telle, qu'on ne put plus sçavoir (1) si le Peuple avoit fait une Ordonnance, ou s'il ne l'avoit point faite.

On n'entend parler dans les Auteurs que des divisions qui perdirent Rome; mais on ne voit pas que ces divisions y étoient nécessaires, qu'elles y avoient toujours été, & qu'elles y devoient toujours être. Ce fut uniquement la grandeur de la République qui fit le mal, & qui changea en guerres civiles les tumultes populaires. Il falloit bien qu'il y eut à Rome des divisions; &

(1) Voyez les Lettres de Ciceron à Atticus, *liv.* 4. *lett.* 18.

ces guerriers si fiers, si audacieux, si Chap. terribles au-dehors, ne pouvoient pas IX. être bien modérés au-dedans. Demander dans un Etat libre des gens hardis dans la guerre, & timides dans la paix, c'est vouloir des choses impossibles; & pour régle générale, toutes les fois qu'on verra tout le monde tranquille dans un Etat qui se donne le nom de République, on peut être assûré que la liberté n'y est pas.

Ce qu'on appelle union dans un corps politique, est une chose très-équivoque; la vraie est une union d'harmonie, qui fait que toutes les parties, quelqu'opposées qu'elles nous paroissent, concourent au bien général de la société, comme des dissonances dans la Musique concourent à l'accord total. Il peut y avoir de l'union dans un Etat où l'on ne croit voir que du trouble, c'est-à-dire, une harmonie d'où résulte le bonheur qui seul est la vraie paix: Il en est comme des parties de cet Univers, éternellement liées par l'action des unes, & la réaction des autres.

Mais dans l'accord du Despotisme

Asiatique, c'est-à-dire, de tout gouvernement qui n'est pas modéré, il y a toujours une division réelle ; le Laboureur, l'Homme de guerre, le Négociant, le Magistrat, le Noble, ne sont joints que parce que les uns oppriment les autres sans résistance : & si l'on y voit de l'union, ce ne sont pas des Citoyens qui sont unis, mais des corps morts ensevelis les uns auprès des autres.

Il est vrai que les loix de Rome devinrent impuissantes pour gouverner la République : mais c'est une chose qu'on a vu toujours, que de bonnes loix, qui ont fait qu'une petite République devient grande, lui deviennent à charge lorsqu'elle s'est aggrandie ; parce qu'elles étoient telles, que leur effet naturel étoit de faire un grand Peuple, & non pas de le gouverner.

Il y a bien de la différence entre les loix bonnes & les loix convenables, celles qui font qu'un Peuple se rend maître des autres, & celles qui maintiennent sa puissance lorsqu'il l'a acquise.

Il y a à présent dans le monde une

République (1) que presque personne ne connoît, & qui dans le secret & dans le silence augmente ses forces chaque jour. Il est certain que si elle parvient jamais à l'état de grandeur où sa sagesse la destine, elle changera nécessairement ses loix, & ce ne sera point l'ouvrage d'un Législateur, mais celui de la corruption même.

Rome étoit faite pour s'aggrandir, & ses loix étoient admirables pour cela. Aussi dans quelque gouvernement qu'elle ait été, sous le pouvoir des Rois, dans l'Aristocratie, ou dans l'Etat populaire, elle n'a jamais cessé de faire des entreprises qui demandoient de la conduite, & y a réussi. Elle ne s'est pas trouvée plus sage que tous les autres Etats de la terre en un jour, mais continuellement ; elle a soutenu une petite, une médiocre, une grande fortune avec la même supériorité ; & n'a point eu de prospérités dont elle n'ait profité, ni de malheurs dont elle ne se soit servi.

Elle perdit sa liberté, parce qu'elle acheva trop-tôt son ouvrage.

(1) Le Canton de Berne.

CHAPITRE X.

De la corruption des Romains.

JE crois que la Secte (1) d'Epicure, qui s'introduisit à Rome sur la fin de la République, contribua beaucoup à gâter le cœur & l'esprit des Romains. Les Grecs en avoient été infatués avant eux : aussi avoient-ils été plutôt corrompus. Polybe nous (2) dit que de son temps les sermens ne pouvoient donner de la confiance pour un Grec; au lieu qu'un Romain en étoit, pour ainsi dire, enchaîné.

(1) Cyneas en ayant discouru à la table de Pyrrhus, Fabricius souhaita que les Ennemis de Rome pussent tous prendre les principes d'une pareille Secte. Plutarque, *Vie de Pyrrhus*.

(2) " Si vous prêtez aux Grecs un talent avec
" dix promesses, dix cautions, autant de té-
" moins, il est impossible qu'ils gardent leur
" foi ; mais parmi les Romains, soit qu'on doi-
" ve rendre compte des deniers publics, ou
" de ceux des particuliers, on est fidéle, à cau-
" se du serment que l'on a fait. On a donc sa-
" gement établi la crainte des Enfers ; & c'est
" sans raison qu'on la combat aujourd'hui. "
Polybe, *l. 6*.

CHAP. X.

Il y a un fait dans les Lettres de Ciceron (1) à Atticus, qui nous montre combien les Romains avoient changé à cet égard depuis le temps de Polybe.

MEMMIUS, dit-il, vient de communiquer au Sénat l'accord que son compétiteur & lui avoient fait avec les Consuls, par lequel ceux-ci s'étoient engagés de les favoriser dans la poursuite du Consulat pour l'année suivante; & eux de leur côté s'obligeoient de payer aux Consuls quatre cent mille sesterces, s'ils ne leur fournissoient trois Augures qui déclaroient qu'ils étoient présens lorsque le Peuple avoit fait (2) *la loi* Curiate, *quoiqu'il n'en eut point fait; & deux Consulaires, qui affirmeroient qu'ils avoient assisté à la signature du* Senatus-Consulte *qui régloit l'état de leurs Provinces, quoiqu'il n'y en eut point eu.* Que de malhonnêtes gens dans un seul Contrat !

(1) *Liv.* 4. *Lett.* 18.
(2) La loi *Curiate* donnoit la puissance militaire; & le *Senatus-Consulte* régloit les troupes, l'argent, les Officiers que devoit avoir le Gouverneur : Or les Consuls, pour que tout cela fût fait à leur fantaisie, vouloient fabriquer une fausse loi & un faux *Senatus-Consulte.*

CHAP. X.

Outre que la Religion est toujours le meilleur garant que l'on puisse avoir des mœurs des hommes, il y avoit ceci de particulier chez les Romains, qu'ils mêloient quelque sentiment religieux à l'amour qu'ils avoient pour leur Patrie : cette Ville fondée sous les meilleurs auspices, ce Romulus leur Roi & leur Dieu, ce Capitole éternel comme la Ville, & la Ville éternelle comme son Fondateur, avoient fait autrefois sur l'esprit des Romains une impression qu'il eut été à souhaiter qu'ils eussent conservée.

La grandeur de l'Etat fit la grandeur des fortunes particulieres ; mais comme l'opulence est dans les mœurs & non pas dans les richesses, celles des Romains, qui ne laissoient pas d'avoir des bornes, produisirent une luxe (1) & des profusions qui n'en avoient point. Ceux qui avoient d'abord été corrompus par leurs richesses, le furent ensuite par leur pauvreté: avec des

―――――――――
(1) La maison que Cornélie avoit achetée soixante & quinze mille drachmes, Lucullus l'acheta peu de temps après deux millions cinq cent mille. Plutarque, *vie de Marius.*

biens au-dessus d'une condition privée, il fut difficile d'être un bon Citoyen : avec les desirs & les regrets d'une grande fortune ruinée, on fut prêt à tous les attentats; & comme dit Saluste (1), on vit une génération de gens qui ne pouvoient avoir de patrimoine, ni souffrir que d'autres en eussent.

Cependant quelle que fût la corruption de Rome, tous les malheurs ne s'y étoient pas introduits : car la force de son institution avoit été telle, qu'elle avoit conservé une valeur héroïque, & toute son application à la guerre au milieu des richesses, de la mollesse & de la volupté; ce qui n'est, je crois, arrivé à aucune Nation du monde.

Les Citoyens Romains regardoient (2) le Commerce & les Arts comme des occupations (3) d'Esclaves; ils ne

(1) *Ut merito dicatur genitos esse, qui nec ipsi habere possent res familiares, nec alios pati.* Fr. de l'Histoire de Saluste, tiré du Livre de la Cité de Dieu, L. 2. c. 18.

(2) Romulus ne permit que deux sortes d'exercices aux gens libres, l'Agriculture & la Guerre. Les Marchands, les Ouvriers, ceux qui tenoient une maison à louage, les Cabaretiers, n'étoient pas du nombre des Citoyens. Denys d'Halicarn. *liv.* 2. Ibid. *liv.* 9.

(3) Ciceron en donne les raisons dans ses Offices, *liv.* 1. *ch.* 42.

les exerçoient point. S'il y eut quelques exceptions, ce ne fut que de la part de quelques Affranchis, qui continuoient leur premiere industrie. Mais en général, ils ne connoissoient que l'art de la guerre, qui étoit la seule voie pour aller aux Magistratures & aux honneurs (1). Ainsi les vertus guerrieres resterent, après qu'on eut perdu toutes les autres.

CHAPITRE XI.

1. De Sylla. 2. De Pompée & César.

JE supplie qu'on me permette de détourner les yeux des horreurs des guerres de Marius & de Sylla ; on en trouvera dans Appien l'épouvantable histoire : outre la jalousie, l'ambition, & la cruauté des deux chefs, chaque Romain étoit furieux ; les (2) nou-

(1) Il falloit avoir servi dix années entre l'âge de 16 ans & celui de 47. Voyez Polybe, liv. 6.

(2) Comme Marius, pour se faire donner la commission de la guerre contre Mithridate au préjudice de Sylla, avoit, par le secours du

veaux Citoyens & les anciens ne se regardoient plus comme les membres d'une même République ; & l'on se faisoit une guerre qui, par un caractere particulier, étoit en même temps civile & étrangere.

SYLLA fit des loix très-propres à ôter la cause des désordres que l'on avoit vus : elles augmentoient l'autorité du Sénat, tempéroient le pouvoir du Peuple, régloient celui des Tribuns. La fantaisie qui lui fit quitter la Dictature, sembla rendre la vie à la République : mais, dans la fureur de ses succès, il avoit fait des choses qui mirent Rome dans l'impossibilité de conserver sa liberté.

Il ruina, dans son expédition d'Asie, toute la discipline militaire : il accoutuma son Armée (1) aux rapines, & lui donna des besoins qu'elle n'avoit

---

Tribun Sulpitius, répandu les huit nouvelles Tribus des Peuples d'Italie dans les anciennes, ce qui rendoit les Italiens maîtres des suffrages, ils étoient la plupart du parti de Marius, pendant que le Sénat & les anciens Citoyens étoient du parti de Sylla.

(1) Voyez, dans la conjuration de Catilina, le portrait que Salluste nous fait de cette Armée.

jamais eu : il corrompit une fois des Soldats, qui devoient dans la suite corrompre les Capitaines.

Il entra dans Rome à main armée, & enseigna (1) aux Généraux Romains à violer l'asile de la liberté.

Il donna les terres des Citoyens (2) aux Soldats, & il les rendit avides pour jamais ; car, dès ce moment, il n'y eut plus un homme de guerre qui n'attendît une occasion qui pût mettre les biens de ses Concitoyens entre ses mains.

Il inventa les Proscriptions, & mit à prix la tête de tous ceux qui n'étoient pas de son parti : dès-lors il fut impossible de s'attacher davantage à la République ; car parmi deux hommes ambitieux & qui se disputoient la victoire, ceux qui étoient neutres & pour le parti de la liberté, étoient sûrs d'être proscrits par celui des deux qui seroit le vainqueur. Il étoit donc de la pru-

(1) *Fugatis Marii copiis, primus Urbem Romam cùm armis ingressus est.* Fragment de Jean d'Antioche, dans l'*Extrait des Vertus & des Vices*.

(2) On distribua bien au commencement une partie des terres des Ennemis vaincus ; mais Sylla donnoit les terres des Citoyens.

dence de s'attacher à l'un des deux.

Il vint après lui, dit Ciceron (1), un homme qui, dans une cause impie & une victoire encore plus honteuse, ne confisqua pas seulement les biens des particuliers, mais enveloppa dans la même calamité des Provinces entieres.

Sylla quittant la Dictature, avoit semblé ne vouloir vivre que sous la protection de ses loix mêmes : Mais cette action, qui marqua tant de modération, étoit elle-même une suite de ses violences. Il avoit donné des établissemens à quarante-sept Légions dans divers endroits de l'Italie. Ces gens-là, dit Appien, regardant leur fortune comme attachée à sa vie, veilloient à sa sûreté, & étoient toujours prêts (2) à le secourir ou à le venger.

La République devant nécessairement périr, il n'étoit plus question que de sçavoir comment, & par qui elle devoit être abattue.

Deux hommes également ambitieux,

(1) *Offices*, liv. 2. ch. 8.
(2) On peut voir ce qui arriva après la mort de César.

excepté que l'un ne sçavoit pas aller à son but si directement que l'autre, effacerent, par leur crédit, par leurs exploits, par leurs vertus, tous les autres Citoyens : POMPE'E parut le premier, & CE'SAR le suivit de près.

POMPE'E, pour s'attirer la faveur, fit casser les loix de SYLLA qui bornoient le pouvoir du Peuple ; & quand il eut fait à son ambition un sacrifice des loix les plus salutaires de sa Patrie, il obtint tout ce qu'il voulut, & la témérité du Peuple fut sans bornes à son égard.

Les loix de Rome avoient sagement divisé la puissance publique en un grand nombre de Magistratures, qui se soutenoient, s'arrêtoient, & se tempéroient l'une l'autre ; & comme elles n'avoient toutes qu'un pouvoir borné, chaque Citoyen étoit bon pour y parvenir ; & le Peuple voyant passer devant lui plusieurs personnages l'un après l'autre, ne s'accoutumoit à aucun d'eux. Mais dans ces temps-ci le système de la République changea ; les plus puissans se firent donner par le Peuple des commissions extraordinaires ; ce qui anéantit l'autorité du Peuple & des Magistrats, & mit toutes les grandes affaires (1) dans les mains d'un seul, ou de peu de gens.

Fallut-il faire la guerre à SERTO-RIUS ? On en donna la commission à POMPE'E. Fallut-il la faire à MITHRI-DATE ? Tout le monde cria POMPE'E. Eut-on besoin de faire venir des bleds à Rome ? Le Peuple croit être perdu, si on n'en charge POMPE'E. Veut-on détruire les Pirates ? Il n'y a que POM-PE'E : & lorsque CE'SAR menace d'envahir, le Sénat crie à son tour, & n'espere plus qu'en POMPE'E.

Je crois bien (disoit MARCUS (2) « au Peuple) que POMPE'E, que les « Nobles attendent, aimera mieux as- « sûrer votre liberté que leur domina- « tion ; mais il y a eu un temps où cha- « cun de vous avoit la protection de « plusieurs, & non pas tous la protec- « tion d'un seul, & où il étoit inoui « qu'un mortel pût donner ou ôter de « pareilles choses. «

(1) *Plebis opes imminutæ, paucorum potentia crevit.* Sallust. *de Coniurat. Catil.*
(2) Fragment de l'Hist. de Sallustes.

A Rome faite pour s'aggrandir, il avoit fallu réunir dans les mêmes personnes les honneurs & la puissance; ce qui, dans des temps de trouble, pouvoit fixer l'administration du Peuple sur un seul Citoyen.

Quand on accorde des honneurs, on sçait précisément ce que l'on donne; mais quand on y joint le pouvoir, on ne peut dire à quel point il pourra être porté.

Des préférences excessives données à un Citoyen dans une République, ont toujours des effets nécessaires; elles font naître l'envie du Peuple, ou elles augmentent sans mesure son amour.

Deux fois POMPE'E retournant à Rome, maître d'opprimer la République, eut la modération de congédier ses Armées avant que d'y entrer, & d'y paroître en simple Citoyen; ces actions, qui le comblerent de gloire, firent que dans la suite, quelque chose qu'il eut fait au préjudice des loix, le Sénat se déclara toujours pour lui.

POMPE'E avoit une ambition plus lente & plus douce que celle de CE'SAR; celui-ci vouloit aller à la souveraine

raine puissance les armes à la main, comme SYLLA : cette façon d'opprimer ne plaisoit point à POMPE'E ; il aspiroit à la Dictature, mais par les suffrages du Peuple ; il ne pouvoit consentir à usurper la puissance, mais il auroit voulu qu'on la lui remît entre les mains.

Comme la faveur du Peuple n'est jamais constante, il y eut des temps où POMPE'E vit diminuer (1) son crédit ; & ce qui le toucha bien sensiblement, des gens qu'il méprisoit, augmenterent le leur, & s'en servirent contre lui.

Cela lui fit faire trois choses également funestes : Il corrompit le Peuple à force d'argent, & mit dans les élections un prix aux suffrages de chaque Citoyen.

De plus, il se servit de la plus vile populace pour troubler les Magistrats dans leurs fonctions, espérant que les gens sages, lassés de vivre dans l'Anarchie, le créeroient Dictateur par désespoir.

Enfin il s'unit d'intérêts avec CE'SAR

(1) Voyez Plutarque.

& Crassus. Caton difoit que ce n'étoit pas leur inimitié qui avoit perdu la République, mais leur union. En effet, Rome étoit en ce malheureux état, qu'elle étoit moins accablée par les guerres civiles que par la paix, qui, réuniffant les vues & les intérêts des principaux, ne faifoit plus qu'une tyrannie.

Pompe'e ne prêta pas proprement fon crédit à Ce'sar ; mais, fans le fçavoir, il le lui facrifia : bien-tôt Ce'sar employa contre lui les forces qu'il lui avoit données, & fes artifices même ; il troubla la Ville par fes émiffaires, & fe rendit maître des élections ; Confuls, Préteurs, Tribuns, furent achetés au prix qu'ils mirent eux-mêmes.

Le Sénat qui vit clairement les deffeins de Ce'sar, eut recours à Pompe'e : il le pria de prendre la défenfe de la République, fi l'on pouvoit appeller de ce nom un gouvernement qui demandoit la protection d'un de fes Citoyens.

Je crois que ce qui perdit fur-tout Pompe'e, fut la honte qu'il eut de penfer qu'en élevant Ce'sar comme il avoit fait, il eut manqué de prévoyance. Il s'accoutuma le plus tard qu'il put à cette idée: il ne se mettoit point en défense, pour ne point avouer qu'il se fut mis en danger: il soutenoit au Sénat que Ce'sar n'oseroit faire la guerre; & parce qu'il l'avoit dit tant de fois, il le redisoit toujours.

Il semble qu'une chose avoit mis Ce'sar en état de tout entreprendre; c'est que, par une malheureuse conformité de noms, on avoit joint à son gouvernement de la Gaule Cisalpine celui de la Gaule d'au-delà les Alpes.

La politique n'avoit point permis qu'il y eût des Armées auprès de Rome; mais elle n'avoit pas souffert non plus que l'Italie sût entiérement dégarnie de troupes: cela fit qu'on tint des forces considérables dans la Gaule Cisalpine, c'est-à-dire, dans le pays qui est depuis le Rubicon, petit fleuve de la Romagne, jusqu'aux Alpes. Mais pour assûrer la Ville de Rome contre ces troupes, on fit le célebre *Senatus-Consulte*, que l'on voit encore gravé sur le chemin de Rimini à Cesene, par lequel on dévouoit aux Dieux infernaux, & l'on déclaroit sacrilége & parricide quiconque, avec une Légion, avec une Armée, ou avec une Cohorte, passeroit le Rubicon.

À un gouvernement si important qui tenoit la Ville en échec, on en joignit une autre plus considérable encore; c'étoit celui de la Gaule Transalpine, qui comprenoit les pays du midi de la France, qui ayant donné à Ce'sar l'occasion de faire la guerre pendant plusieurs années à tous les Peuples qu'il voulut, fit que ses Soldats vieillirent avec lui, & qu'il ne les conquit pas moins que les Barbares. Si Ce'sar n'avoit point eu le gouvernement de la Gaule Transalpine, il n'auroit pas corrompu ses Soldats, ni fait respecter son nom par tant de victoires. S'il n'avoit pas eu celui de la Gaule Cisalpine, Pompe'e auroit pu l'arrêter au passage des Alpes : au lieu que, dès le commencement de la guerre, il fut obligé d'abandonner l'Italie ; ce qui fit perdre à son parti la réputation, qui dans les guerres civiles est la puissance même.

La même faveur qu'Annibal porta dans Rome après la bataille de Cannes, CE'SAR l'y répandit lorsqu'il passa le Rubicon. POMPE'E éperdu ne vit, dans les premiers momens de la guerre, de parti à prendre que celui qui reste dans les affaires désespérées : il ne sçut que céder & que fuir ; il sortit de Rome, y laissa le trésor public ; il ne put nulle part retarder le vainqueur ; il abandonna une partie de ses troupes, toute l'Italie, & passa la mer.

On parle beaucoup de la fortune de CE'SAR : mais cet homme extraordinaire avoit tant de grandes qualités sans pas un défaut, quoiqu'il eut bien des vices, qu'il eut été bien difficile que, quelque armée qu'il eut commandée, il n'eut été vainqueur, & qu'en quelque République qu'il fut né, il ne l'eut gouvernée.

CE'SAR, après avoir défait les Lieutenans de POMPE'E en Espagne, alla en Gréce le chercher lui-même. POMPE'E, qui avoit la côte de la mer & des forces supérieures, étoit sur le point de voir l'armée de CE'SAR détruite par la misere & la faim : mais comme il avoit souverainement le foible de vouloir être approuvé, il ne pouvoit s'empêcher de (1) prêter l'oreille aux vains discours de ses gens, qui le railloient ou l'accusoient sans cesse. Il veut, disoit l'un, se perpétuer dans le commandement, & être comme AGAMEMNON le Roi des Rois : Je vous avertis, disoit un autre, que nous ne mangerons pas encore cette année des figues de Tusculum. Quelques succès particuliers qu'il eut, acheverent de tourner la tête à cette troupe Sénatoriale : ainsi, pour n'être pas blâmé, il fit une chose que la postérité blâmera toujours, de sacrifier tant d'avantages, pour aller avec des troupes nouvelles combattre une armée qui avoit vaincu tant de fois.

Lorsque les restes de Pharsale se furent retirés en Afrique, SCIPION, qui les commandoit, ne voulut jamais suivre l'avis de CATON de traîner la guerre en longueur : enflé de quelques avantages il risqua tout, & perdit tout : & lorsque BRUTUS & CASSIUS rétablirent ce parti, la même précipitation (2)

---

(1) Voyez Plutarque, *Vie de Pompée*.
(2) Cela est bien expliqué dans Appien, *de la*

perdit la République une troisiéme fois.

Vous remarquerez que dans ces guerres civiles qui durerent si long-temps, la puissance de Rome s'accrut sans cesse au-dehors : Sous MARIUS, SYLLA, POMPE'E, CE'SAR, ANTOINE, AUGUSTE, Rome toujours plus terrible, acheva de détruire tous les Rois qui restoient encore.

Il n'y a point d'Etat qui menace si fort les autres d'une conquête, que celui qui est dans les horreurs de la guerre civile ; tout le monde, Noble, Bourgeois, Artisan, Laboureur, y devient Soldat : & lorsque, par la paix, les forces sont réunies, cet Etat a de grands avantages sur les autres qui n'ont gueres que des Citoyens. D'ailleurs, dans les guerres civiles, il se forme souvent de grands hommes, parce que, dans la confusion, ceux qui ont du mérite se font jour, chacun se place, & se met à son rang ; au lieu que, dans les autres temps, on est placé, &

---

guerre civile, L. 4. L'armée d'Octave & d'Antoine auroit péri de faim, si l'on n'avoit pas donné la bataille.

Chap. XI.

on l'eſt preſque toujours tout de travers. Et pour paſſer de l'exemple des Romains à d'autres plus récens, les François n'ont jamais été ſi redoutables au-dehors qu'après les querelles des Maiſons de Bourgogne & d'Orléans, après les troubles de la Ligue, après les guerres civiles de la minorité de Louis XIII, & celle de Louis XIV. L'Angleterre n'a jamais été ſi reſpectée que ſous Cromwel, après les guerres du long Parlement. Les Allemans n'ont pris la ſupériorité ſur les Turcs, qu'après les guerres civiles d'Allemagne. Les Eſpagnols, ſous Philippe V, d'abord après les guerres civiles pour la ſucceſſion, ont montré en Sicile une force qui a étonné l'Europe : & nous voyons aujourd'hui la Perſe renaître des cendres de la guerre civile, & humilier les Turcs.

Enfin la République fut opprimée : & il n'en faut pas accuſer l'ambition de quelques particuliers ; il en faut accuſer l'homme toujours plus avide du pouvoir à meſure qu'il en a davantage, & qui ne deſire tout que parce qu'il poſſede beaucoup.

Si Cé'sar & Pompe'e avoient pensé comme Caton, d'autres auroient pensé comme firent Cé'sar & Pompe'e ; & la République destinée à périr, auroit été entraînée au précipice par une autre main.

Cé'sar pardonna à tout le monde ; mais il me semble que la modération que l'on montre après qu'on a tout usurpé, ne mérite pas de grandes louanges.

Quoique l'on ait dit de sa diligence après Pharsale, Ciceron l'accuse de lenteur avec raison ; il dit à Cassius (1) qu'ils n'auroient jamais cru que le parti de Pompe'e se fut ainsi relevé en Espagne & en Afrique ; & que, s'ils avoient pu prévoir que Cé'sar se fut amusé à sa guerre d'Alexandrie, ils n'auroient pas fait leur paix, & qu'ils se seroient retirés avec Scipion & Caton en Afrique. Ainsi un fol amour lui fit essuyer quatre guerres ; & en ne prévenant pas les deux dernieres, il remit en question ce qui avoit été décidé à Pharsale.

Cé'sar gouverna d'abord sous des

(1) Epîtres familieres, l. 15.

titres de Magistrature; car les hommes ne sont gueres touchés que des noms. Et comme les Peuples d'Asie abhorroient ceux de Consul & de Proconsul, les Peuples d'Europe détestoient celui de Roi; de sorte que dans ces temps-là ces noms faisoient le bonheur, ou le désespoir de toute la terre. CÉSAR ne laissa pas de tenter de se faire mettre le Diadême sur la tête : mais voyant que le Peuple cessoit ses acclamations, il le rejetta; il fit encore d'autres tentatives (1) : & je ne puis comprendre qu'il pût croire que les Romains, pour le souffrir tyran, aimassent pour cela la tyrannie, ou crussent avoir fait ce qu'ils avoient fait.

Un jour que le Sénat lui déféroit de certains honneurs, il négligea de se lever; & pour lors les plus graves de ce Corps acheverent de perdre patience.

On n'offense jamais plus les hommes que lorsqu'on choque leurs cérémonies & leurs usages : Cherchez à les opprimer, c'est quelquefois une preuve de l'estime que vous en faites; choquez

(1) Il cassa les Tribuns du Peuple.

leurs coutumes, c'est toujours une marque de mépris.

CÉSAR de tout temps ennemi du Sénat, ne put cacher le mépris qu'il conçut pour ce Corps, qui étoit devenu presque ridicule depuis qu'il n'avoit plus de puissance : par là sa clémence même fut insultante ; on regarda qu'il ne pardonnoit pas, mais qu'il dédaignoit de punir.

Il porta le mépris jusqu'à faire lui-même les Senatus-Consultes ; il les souscrivoit du nom des premiers Sénateurs qui lui venoient dans l'esprit. J'apprends quelquefois, dit CICE- « RON (1), qu'un Senatus-Consulte « passé à mon avis a été porté en Syrie « & en Arménie, avant que j'aie sçu « qu'il ait été fait ; & plusieurs Princes « m'ont écrit des lettres de remercie- « mens sur ce que j'avois été d'avis « qu'on leur donnât le titre de Rois, « que non-seulement je ne sçavois pas « être Rois, mais même qu'ils fussent « au monde. «

On peut voir dans les (2) Lettres

(1) *Lett. famil.* L. 9.
(2) V. les Let. de Ciceron & de Serv. Sulpit.

de quelques grands hommes de ce temps-là, qu'on a mises sous le nom de CICERON, parce que la plupart sont de lui, l'abattement & le désespoir des premiers hommes de la République à cette révolution subite, qui les priva de leurs honneurs & de leurs occupations mêmes ; lorsque le Sénat étant sans fonctions, ce crédit qu'ils avoient eu par toute la terre, ils ne purent plus l'espérer que dans le cabinet d'un seul : & cela se voit bien mieux dans ces Lettres, que dans les discours des Historiens ; elles sont le chef-d'œuvre de la naïveté de gens unis par une douleur commune, & d'un siécle où la fausse politesse n'avoit pas mis le mensonge par-tout : enfin on n'y voit point, comme dans la plupart de nos Lettres modernes, des gens qui veulent se tromper, mais des amis malheureux qui cherchent à se tout dire.

Il étoit bien difficile que CE´SAR pût défendre sa vie : la plupart des conjurés (1) étoient de son parti, ou

(1) Decimus Brutus, Caïus Casca, Trebonius, Tullius Cimber, Minutius Basillus étoient amis de César. Appian, *de bello civili*, l. 2.

avoient été par lui comblés de bienfaits; & la raison en est bien naturelle: Ils avoient trouvé de grands avantages dans sa victoire; mais plus leur fortune devenoit meilleure, plus ils commençoient à avoir (1) part au malheur commun; car à un homme qui n'a rien, il importe assez peu à certains égards en quel gouvernement il vive.

De plus, il y avoit un certain Droit des gens, une opinion établie dans toutes les Républiques de Gréce & d'Italie, qui faisoit regarder comme un homme vertueux l'assassin de celui qui avoit usurpé la souveraine puissance. A Rome, sur-tout depuis l'expulsion des Rois, la loi étoit précise, les exemples reçus; la République armoit le bras de chaque Citoyen, le faisoit Magistrat pour le moment, & l'avouoit pour sa défense.

BRUTUS (2) ose bien dire à ses amis que, quand son pere reviendroit sur la terre, il le tueroit tout de même:

(1) Je ne parle pas des Satellites d'un Tyran, qui seroient perdus après lui, mais de ses Compagnons dans un Gouvernement libre.
(2) Lettres de Brutus dans le recueil de celles de Ciceron.

Chap. XI.

& quoique, par la continuation de la tyrannie, cet esprit de liberté se perdît peu à peu, les conjurations au commencement du régne d'Auguste renaissoient toujours.

C'étoit un amour dominant pour la Patrie, qui, sortant des régles ordinaires des crimes & des vertus, n'écoutoit que lui seul, & ne voyoit ni Citoyen, ni ami, ni bienfaiteur, ni pere: la vertu sembloit s'oublier pour se surpasser elle-même; & l'action qu'on ne pouvoit d'abord approuver parce qu'elle étoit atroce, elle la faisoit admirer comme divine.

En effet, le crime de César qui vivoit dans un gouvernement libre, n'étoit-il pas hors d'état d'être puni autrement que par un assassinat? Et demander pourquoi on ne l'avoit pas poursuivi par la force ouverte, ou par les loix, n'étoit-ce pas demander raison de ses crimes?

CHAPITRE XII.

De l'état de Rome après la mort de César.

IL étoit tellement impossible que la République pût se rétablir, qu'il arriva ce qu'on n'avoit jamais encore vu, qu'il n'y eut plus de Tyran, & qu'il n'y eut pas de liberté ; car les causes qui l'avoient détruite, subsistoient toujours.

Les conjurés n'avoient formé de plan que pour la conjuration, & n'en avoient point fait pour la soutenir.

Après l'action faite, ils se retirerent au Capitole ; le Sénat ne s'assembla pas : & le lendemain LEPIDUS, qui cherchoit le trouble, se saisit avec des gens armés de la place Romaine.

Les Soldats vétérans, qui craignoient qu'on ne répétât les dons immenses qu'ils avoient reçus, entrerent dans Rome : cela fit que le Sénat approuva tous les actes de César ; & que, conci-

CHAP. XII.

liant les extrêmes, il accorda une amnistie aux conjurés ; ce qui produisit une fausse paix.

CE'SAR avant sa mort, se préparant à son expédition contre les Parthes, avoit nommé des Magistrats pour plusieurs années, afin qu'il eût des gens à lui qui maintinssent dans son absence la tranquillité de son gouvernement; ainsi après sa mort, ceux de son parti se sentirent des ressources pour long-temps.

Comme le Sénat avoit approuvé tous les actes de CE'SAR sans restriction, & que l'exécution en fut donnée aux Consuls, ANTOINE qui l'étoit, se saisit du livre des raisons de CE'SAR, gagna son Secrétaire, & y fit écrire tout ce qu'il voulut : de maniere que le Dictateur régnoit plus impérieusement que pendant sa vie ; car ce qu'il n'auroit jamais fait, ANTOINE le faisoit ; l'argent qu'il n'auroit jamais donné, ANTOINE le donnoit ; & tout homme qui avoit de mauvaises intentions contre la République, trouvoit soudain une récompense dans les livres de CE'SAR.

Par un nouveau malheur, CE'SAR

avoit

avoit amaſſé pour ſon expédition des ſommes immenſes, qu'il avoit miſes dans le Temple d'Ops; ANTOINE avec ſon livre en diſpoſa à ſa fantaiſie.

Les conjurés avoient d'abord réſolu de jetter le corps de (1) CE'SAR dans le Tibre; ils n'y auroient trouvé nul obſtacle : car, dans ces momens d'étonnement qui ſuivent une action inopinée, il eſt facile de faire tout ce qu'on peut oſer. Cela ne fut point exécuté, & voici ce qui en arriva.

Le Sénat ſe crut obligé de permettre qu'on fit les obſéques de CE'SAR; & effectivement, dès qu'il ne l'avoit pas déclaré tyran, il ne pouvoit lui refuſer la ſépulture : Or c'étoit un coutume des Romains ſi vantée par Polybe, de porter dans les funérailles les images des Ancêtres, & de faire enſuite l'oraiſon funébre du défunt : ANTOINE, qui la fit, montra au Peuple la robe enſanglantée de CE'SAR, lui lut ſon teſtament où il lui faiſoit de grandes lar-

---

(1) Cela n'auroit pas été ſans exemple ; après que Tiberius Gracchus eut été tué, Lucretius Edille, qui fut depuis appellé *Veſpille*, jetta ſon corps dans le Tibre. Aurel. Vict. *de viris ill uſt.*

M.

gesses, & l'agita au point qu'il mit le feu aux maisons des conjurés.

Nous avons un aveu (1) de Cicéron qui gouverna le Sénat dans toute cette affaire, qu'il auroit mieux valu agir avec vigueur, & s'exposer à périr, & que même on n'auroit point péri : mais il se disculpe sur ce que, quand le Sénat fut assemblé, il n'étoit plus temps ; & ceux qui sçavent le prix d'un moment dans des affaires où le Peuple a tant de part, n'en seront pas étonnés.

Voici un autre accident : pendant qu'on faisoit des jeux en l'honneur de Césak, une comete à longue chevelure parut pendant sept jours ; le Peuple crut que son ame avoit été reçue dans le Ciel.

C'étoit bien une coutume des Peuples de Gréce & d'Asie de bâtir (2) des Temples aux Rois, & même aux Proconsuls qui les avoient gouvernés ; on leur laissoit faire ces choses, comme

---

(1) Lettres à Atticus, *l.* 14. *l.* 16.
(2) Voyez là-dessus les Lettres de Ciceron à Atticus, *l.* 5, & la remarque de M. l'Abbé de Mongaut.

le témoignage le plus fort qu'ils puſſent donner de leur ſervitude : les Romains même pouvoient, dans des Laraires ou des Temples particuliers, rendre des honneurs divins à leurs ancêtres : mais je ne vois pas que, depuis ROMULUS juſqu'à CE'SAR, aucun Romain ait (1) été mis au nombre des Divinités publiques.

Le gouvernement de la Macédoine étoit échu à ANTOINE ; il voulut, au lieu de celui-là, avoir celui des Gaules, on voit bien par quel motif. DECIMUS BRUTUS qui avoit la Gaule Ciſalpine, ayant refuſé de la lui remettre, il voulut l'en chaſſer : cela produiſit une guerre civile, dans laquelle le Sénat déclara ANTOINE ennemi de la Patrie.

CICERON, pour perdre ANTOINE ſon ennemi particulier, avoit pris le mauvais parti de travailler à l'élévation d'OCTAVE ; & au lieu de chercher à faire oublier au Peuple CE'SAR, il le

___
(1) Dion dit que les Triumvirs, qui eſpéroient tous d'avoir quelque jour la place de Céſar, firent tout ce qu'ils purent pour augmenter les honneurs qu'on lui rendoit, *liv.* 47.

lui avoit remis devant les yeux.

Octave se conduisit avec Ciceron en homme habile ; il le flata, le loua, le consulta, & employa tous ces artifices dont la vanité ne se défie jamais.

Ce qui gâte presque toutes les affaires, c'est qu'ordinairement ceux qui les entreprennent, outre la réussite principale, cherchent encore de certains petits succès particuliers qui flatent leur amour propre & les rendent contens d'eux.

Je crois que si Caton s'étoit réservé pour la République, il auroit donné aux choses tout un autre tour. Ciceron, avec des parties admirables pour un second rôle, étoit incapable du premier ; il avoit un beau génie, mais une ame souvent commune. L'accessoire chez Ciceron c'étoit la vertu ; chez Caton (1) c'étoit la gloire : Ciceron se voyoit toujours le premier ; Caton s'oublioit toujours : Celui-ci vouloit sauver la République

---

(1) *Esse quàm videri bonus malebat ; itaque quominus gloriam petebat, eo magis illam assequebatur.* Sallust. de bello Catil.

pour elle-même, celui-là pour s'en vanter.

Je pourrois continuer le parallèle, en difant que, quand CATON prévoyoit, CICERON craignoit ; que là où CATON efpéroit, CICERON fe confioit ; que le premier voyoit toujours les chofes de fang froid, l'autre au travers de cent petites paffions.

ANTOINE fut défait à Modêne ; les deux Confuls HIRTIUS & PANSA y périrent ; le Sénat qui fe crut au-deſſus de fes affaires fongea à abaiffer OCTAVE, qui de fon côté ceſſa d'agir contre ANTOINE, mena fon armée à Rome, & fe fit déclarer Conful.

Voilà comment CICERON, qui fe vantoit que fa Robe avoit détruit les Armées d'ANTOINE, donna à la République un ennemi plus dangereux, parce que fon nom étoit plus cher, & fes droits en apparence (1) plus légitimes.

ANTOINE défait s'étoit réfugié dans la Gaule Tranfalpine, où il avoit été reçu par LEPIDUS ; ces deux hommes

(1) Il étoit héritier de Céfar, & fon fils par adoption.

s'unirent avec OCTAVE, & ils se donnerent l'un à l'autre la vie de leurs amis (1) & de leurs ennemis. LEPIDE resta à Rome ; les deux autres allerent chercher BRUTUS & CASSIUS, & ils les trouverent dans ces lieux où l'on combattit trois fois pour l'Empire du Monde.

BRUTUS & CASSIUS se tuerent avec une précipitation qui n'est pas excusable ; & l'on ne peut lire cet endroit de leur vie, sans avoir pitié de la République qui fut ainsi abandonnée. CATON s'étoit donné la mort à la fin de la tragédie ; ceux-ci la commencerent en quelque façon par leur mort.

On peut donner plusieurs causes de cette coutume si générale des Romains de se donner la mort : le progrès de la Secte Stoïque, qui y encourageoit ; l'établissement des triomphes & de l'esclavage, qui firent penser à plusieurs grands hommes qu'il ne falloit pas survivre à une défaite ; l'avantage que les accusés avoient de se donner la mort,

---

(1) Leur cruauté fut si insensée, qu'ils ordonnerent que chacun eut à se réjouir des proscriptions sous peine de la vie. Voyez *Dion*.

plutôt que de subir un jugement par lequel leur mémoire devoit être flétrie (1) & leurs biens confisqués ; une espéce de point d'honneur, peut-être plus raisonnable que celui qui nous porte aujourd'hui à égorger notre ami pour un geste ou une parole ; enfin une grande commodité pour le héroïsme, chacun faisant finir la piéce qu'il jouoit dans le monde à l'endroit où il vouloit.

On pourroit ajouter une grande facilité dans l'exécution ; l'ame toute occupée de l'action qu'elle va faire, du motif qui la détermine, du péril qu'elle va éviter, ne voit point proprement la mort ; parce que la passion fait sentir, & jamais voir.

L'amour propre, l'amour de notre conservation se transforme en tant de manieres, & agit par des principes si contraires, qu'il nous porte à sacrifier notre être pour l'amour de notre être ; & tel est le cas que nous faisons de nous-mêmes, que nous consentons à

---

(1) *Eorum qui de se statuebant humabantur Corpora, manebant Testamenta ; pretium festinandi.* Tacit. Annal. l. 6.

cesser de vivre, par un instinct naturel & obscur qui fait que nous nous aimons plus que notre vie même.

CHAPITRE XIII.

AUGUSTE.

Sextus Pompe'e tenoit la Sicile & la Sardaigne; il étoit maître de la mer; & il avoit avec lui une infinité de fugitifs & de proscrits, qui combattoient pour leurs dernieres espérances. Octave lui fit deux guerres très-laborieuses; & après bien des mauvais succès, il le vainquit par l'habileté d'Agrippa.

Les conjurés avoient presque tous fini malheureusement leur vie; & il étoit bien naturel que des gens qui étoient à la tête d'un parti abattu tant de fois dans des guerres où l'on ne se faisoit aucun quartier, eussent péri de mort violente. De-là cependant on tira la conséquence d'une vengeance céleste, qui punissoit les meurtriers de de César, & proscrivoit leur cause.

Octave gagna les Soldats de Lépidus, & le dépouilla de la puissance du Triumvirat : il lui envia même la consolation de mener une vie obscure, & le força de se trouver comme homme privé dans les assemblées du Peuple.

On est bien aise de voir l'humiliation de ce Lepidus; c'étoit le plus méchant Citoyen qui fût dans la République : toujours le premier à commencer les troubles, formant sans cesse des projets funestes, où il étoit obligé d'associer de plus habiles gens que lui. Un Auteur moderne (1) s'est plû à en faire l'éloge, & cite Antoine qui, dans une de ses Lettres, lui donne la qualité d'honnête homme : mais une honnête homme pour Antoine ne devoit guéres l'être pour les autres.

Je crois qu'Octave est le seul de tous les Capitaines Romains qui ait gagné l'affection des Soldats en leur donnant sans cesse des marques d'une lâcheté naturelle. Dans ces temps-là les Soldats faisoient plus de cas de la

(1) L'Abbé de S. Réal.

libéralité de leur Général que de son courage. Peut-être même que ce fut un bonheur pour lui de n'avoir point eu cette valeur qui peut donner l'Empire, & que cela même l'y porta; on le craignit moins. Il n'est pas impossible que les choses qui le dèshonorerent le plus, aient été celles qui le servirent le mieux : s'il avoit d'abord montré une grande ame, tout le monde se seroit méfié de lui ; & s'il eut eu de la hardiesse, il n'auroit pas donné à Antoine le temps de faire toutes les extravagances qui le perdirent.

Antoine se préparant contre Octave, jura à ses Soldats que, deux mois après sa victoire, il rétabliroit la République; ce qui fait bien voir que les Soldats mêmes étoient jaloux de la liberté de leur Patrie, quoiqu'ils la détruisissent sans cesse, n'y ayant rien de si aveugle qu'une armée.

La bataille d'Actium se donna ; Cléopatre fuit, & entraîna Antoine avec elle : il est certain que dans la suite (1) elle le trahit : peut-être que par cet esprit de coqueterie

(1) Voyez Dion, l. 1.

inconcevable des femmes, elle avoit formé le dessein de mettre encore à ses pieds un troisiéme Maître du Monde.

CHAP. XIII.

Une femme à qui ANTOINE avoit sacrifié le Monde entier, le trahit : tant de Capitaines & tant de Rois qu'il avoit aggrandis ou faits, lui manquerent : & comme si la générosité avoit été liée à la servitude, une troupe de Gladiateurs lui conserva une fidélité héroïque. Comblez un homme de bienfaits, la premiere idée que vous lui inspirez, c'est de chercher les moyens de les conserver : ce sont de nouveaux intérêts que vous lui donnez à défendre.

Ce qu'il y a de surprenant dans ces guerres, c'est qu'une bataille décidoit presque toujours l'affaire, & qu'une défaite ne se réparoit pas.

Les Soldats Romains n'avoient point proprement d'esprit de parti ; ils ne combattoient point pour une certaine chose, mais pour une certaine personne ; ils ne connoissoient que leur Chef, qui les engageoit par des espérances immenses : mais le Chef battu n'étant plus en état de remplir ses promesses, ils se tournoient d'un autre côté. Les Provinces n'entroient point non plus sincérement dans la querelle ; car il leur importoit fort peu qui eut le dessus du Sénat ou du Peuple : ainsi si-tôt qu'un des Chefs étoit battu, elles se donnoient (1) à l'autre ; car il falloit que chaque Ville songeât à se justifier devant le vainqueur, qui, ayant des promesses immenses à tenir aux Soldats, devoit leur sacrifier les pays les plus coupables.

Nous avons eu en France deux sortes de guerres civiles : les unes avoient pour prétexte la Religion ; & elles ont duré, parce que le motif subsistoit après la victoire : les autres n'avoient pas proprement de motif, mais étoient excitées par la légéreté ou l'ambition de quelques grands ; & elles étoient d'abord étouffées.

AUGUSTE (c'est le nom que la flaterie donna à OCTAVE) établit l'ordre, c'est-à-dire, une servitude dura-

---

(1) Il n'y avoit point de garnisons dans les Villes pour les contenir ; & les Romains n'avoient eu besoin d'assûrer leur Empire que par des Armées ou des Colonies.

ble : car dans un Etat libre où l'on vient d'usurper la souveraineté, on appelle régle tout ce qui peut fonder l'autorité sans bornes d'un seul ; & on nomme trouble, dissension, mauvais gouvernement, tout ce qui peut maintenir l'honnête liberté des sujets.

Tous les gens qui avoient eu des projets ambitieux avoient travaillé à mettre une espéce d'Anarchie dans la République : POMPE'E, CRASSUS, & CE'SAR y réussirent à merveille ; ils établirent une impunité de tous les crimes publics ; tout ce qui pouvoit arrêter la corruption des mœurs, tout ce qui pouvoit faire une bonne police, ils l'abolirent ; & comme les bons Législateurs cherchent à rendre leurs Concitoyens meilleurs, ceux-ci travailloient à les rendre pires : ils introduisirent donc la coutume de corrompre le Peuple à prix d'argent ; & quand on étoit accusé de brigues, on corrompoit (1) aussi les Juges : ils firent troubler les élections par toutes sortes de violences ; & quand on étoit mis en

(1) Cela se voit bien dans les Lettres de Cicéron à Atticus.

Chap. XIII.

justice, on intimidoit encore les Juges: l'autorité même du Peuple étoit anéantie, témoin (1) Gabinius, qui après avoir rétabli malgré le Peuple Ptolomée à main armée, vint froidement demander le triomphe.

Ces premiers hommes de la République cherchoient à dégoûter le Peuple de son pouvoir, & à devenir nécessaires, en rendant extrêmes les inconvéniens du gouvernement Républicain : mais lorsqu'Auguste fut une fois le maître, la politique le fit travailler à rétablir l'ordre, pour faire sentir le bonheur du gouvernement d'un seul.

Lorsqu'Auguste avoit les armes à la main, il craignoit les révoltes des Soldats, & non pas les conjurations des Citoyens; c'est pour cela qu'il ménagea les premiers, & fut si cruel aux autres : lorsqu'il fut en paix, il craignit les conjurations : & ayant toujours devant les yeux le destin de César,

_____

(1) César fit la guerre aux Gaulois, & Crassus aux Parthes, sans qu'il y eût eu aucune délibération du Sénat, ni aucun décret du Peuple. Voyez Dion.

pour éviter son sort, il songea à s'é- Chap. loigner de sa conduite. Voilà la clef XIII. de toute la vie d'Auguste. Il porta dans le Sénat une cuirasse sous sa robe; il refusa le nom de Dictateur; & au lieu que César disoit insolemment que la République n'étoit rien, & que ses paroles étoient des loix, Auguste ne parla que de la dignité du Sénat, & de son respect pour la République. Il songea donc à établir le gouvernement le plus capable de plaire qui fut possible sans choquer ses intérêts; & il en fit un Aristocratique par rapport au civil, & Monarchique par rapport au militaire: gouvernement ambigu, qui, n'étant pas soutenu par ses propres forces, ne pouvoit subsister que tandis qu'il plairoit au Monarque, & étoit entiérement Monarchique par conséquent.

On a mis en question si Auguste avoit eu véritablement le dessein de se démettre de l'Empire: mais qui ne voit que, s'il l'eût voulu, il étoit impossible qu'il n'y eût réussi? Ce qui fait voir que c'étoit un jeu, c'est qu'il demanda tous les dix ans qu'on le soulageât de ce poids, & qu'il le porta toujours; c'étoient de petites finesses, pour se faire encore donner ce qu'il ne croyoit pas avoir assez acquis. Je me détermine par toute la vie d'Auguste; & quoique les hommes soient fort bizarres, cependant il arrive très-rarement qu'ils renoncent dans un moment à ce à quoi ils ont réflechi pendant toute leur vie. Toutes les actions d'Auguste, tous ses réglemens tendoient visiblement à l'établissement de la Monarchie. Sylla se défait de la Dictature; mais, dans toute la vie de Sylla, au milieu de ses violences, on voit un esprit Républicain; tous ses réglemens, quoique tyranniquement exécutés, tendent toujours à une certaine forme de République; Sylla homme emporté, mene violemment les Romains à la liberté: Auguste rusé tyran (1), les conduit doucement à la servitude. Pendant que sous Sylla la République reprenoit des forces, tout

---

(1) J'emploie ici ce mot dans le sens des Grecs & des Romains, qui donnoient ce nom à tous ceux qui avoient renversé la Démocratie.

ET LEUR DE'CADENCE. 153
le monde crioit à la tyrannie; & pendant que sous AUGUSTE la tyrannie se fortifioit, on ne parloit que de liberté.

CHAP.
XIII.

La coutume des triomphes, qui avoient tant contribué à la grandeur de Rome, se perdit sous Auguste; ou plutôt cet honneur devint un privilége (1) de la souveraineté. La plupart des choses qui arriverent sous les Empereurs, avoient leur origine dans la République (2), & il faut les rapprocher: celui-là seul avoit droit de demander (3) le triomphe, sous les auspices duquel la guerre s'étoit faite: or elle se faisoit toujours sous les auspices du

---

(1) On ne donna plus aux particuliers que les ornemens triomphaux. Dion, *in Aug.*

(2) Les Romains ayant changé de gouvernement sans avoir été envahis, les mêmes coutumes resterent après le changement du gouvernement, dont la forme même resta à peu près.

(3) Dion, *in Aug.* l. 54. dit qu'Agrippa négligea par modestie de rendre compte au Sénat de son expédition contre les Peuples du Bosphore, & refusa même le triomphe, & que depuis lui personne de ses pareils ne triompha; mais c'étoit une grace qu'Auguste vouloit faire à Agrippa, & qu'Antoine ne fit point à Ventidius la premiere fois qu'il vainquit les Parthes.

Chap. XIII.

chef, & par conséquent de l'Empereur, qui étoit le chef de toutes les Armées.

Comme du temps de la République on eut pour principe de faire continuellement la guerre, sous les Empereurs la maxime fut d'entretenir la paix : les victoires ne furent regardées que comme des sujets d'inquiétude avec des Armées qui pouvoient mettre leurs services à trop haut prix.

Ceux qui eurent quelque commandement, craignirent d'entreprendre de trop grandes choses ; il fallut modérer sa gloire, de façon qu'elle ne réveillât que l'attention, & non pas la jalousie du Prince, & ne point paroître devant lui avec un éclat que ses yeux ne pouvoient souffrir.

Auguste fut fort retenu (1) à accorder le droit de Bourgeoisie Romaine ; il fit des loix (2) pour empêcher qu'on n'affranchît trop d'Esclaves (3) ; il recommanda par son testament que

---

(1) Suétone, *in Aug.*
(2) Suétone, *Vie d'Auguste.* Voyez les Institutes, *liv.* 1.
(3) Dion, *in Aug.*

ET LEUR DE'CADENCE. 155
l'on gardât ces deux maximes, & qu'on ne cherchât point à étendre l'Empire par de nouvelles guerres.

CHAP. XIII.

Ces trois choses étoient très-bien liées ensemble: dès qu'il n'y avoit plus de guerres, il ne falloit plus de Bourgeoisie nouvelle, ni d'affranchissemens.

Lorsque Rome avoit des guerres continuelles, il falloit qu'elle reparât continuellement ses habitans: dans les commencemens, on y mena une partie du Peuple de la Ville vaincue: dans la suite plusieurs Citoyens des Villes voisines y vinrent pour avoir part au droit de suffrage; & ils s'y établirent en si grand nombre, que sur les plaintes des Alliés on fut souvent obligé de les leur renvoyer; enfin on y arriva en foule des Provinces. Les loix favoriserent les mariages, & même les rendirent nécessaires: Rome fit dans toutes ses guerres un nombre d'esclaves prodigieux; & lorsque ses Citoyens furent comblés de richesses, ils en acheterent de toutes parts, mais ils les affranchirent sans (1) nombre, par générosité, par ava-

(1) Denys d'Halicarnasse, l. 4.

rice, par foiblesse : les uns vouloient récompenser des esclaves fidéles ; les autres vouloient recevoir en leur nom le bled que la République distribuoit aux pauvres Citoyens ; d'autres enfin desiroient d'avoir à leur pompe funebre beaucoup de gens qui la suivissent avec un chapeau de fleurs. Le Peuple fut presque composé d'Affranchis (1), de façon que ces maîtres du monde, non-seulement dans les commencemens mais dans tous les temps, furent pour la plupart d'origine servile.

Le nombre du petit Peuple presque tout composé d'Affranchis, ou de fils d'Affranchis, devenant incommode, on en fit des Colonies, par le moyen desquelles on s'assûra de la fidélité des Provinces ; c'étoit une circulation des hommes de tout l'Univers : Rome les recevoit esclaves, & les renvoyoit Romains.

Sous prétexte de quelques tumultes arrivés dans les élections, AUGUSTE mit dans la Ville un Gouverneur & une garnison ; il rendit les corps des Lé-

(1) Voyez Tacite, Annal. l. 13. *Latè fusum id corpus*, &c.

gions éternels, les plaça sur les frontieres, & établit des fonds particuliers pour les payer; enfin il ordonna que les vétérans recevroient leur récompense (1) en argent & non pas en terres.

Il résultoit plusieurs mauvais effets de cette distribution des terres que l'on faisoit depuis SYLLA: la propriété des biens des Citoyens étoit rendue incertaine. Si on ne menoit pas dans un même lieu (2) les Soldats d'une Cohorte, ils se dégoûtoient de leur établissement, laissoient les terres incultes, & devenoient de dangereux Citoyens; mais si on les distribuoit par Légions, les ambitieux pouvoient trouver contre la République des Armées dans un moment.

AUGUSTE fit des établissemens fixes pour la Marine: Comme avant lui les Romains n'avoient point eu des corps perpétuels de Troupes de terre,

---

(1) Il régla que les Soldats Prétoriens auroient cinq mille drachmes, deux après 16 ans de services, & les autres trois milles drachmes après 20 ans. Dion, *in Aug.*

(2) Voyez Tacite, Annal. liv. 14. sur les Soldats menés à Tarente & à Antium.

ils n'en avoient point non plus de troupes de mer. Les flottes d'AUGUSTE eurent pour objet principal la sûreté des Convois, & la communication des diverses parties de l'Empire : car d'ailleurs les Romains étoient les maîtres de toute la Méditerranée ; on ne navigeoit dans ces temps-là que dans cette mer, & ils n'avoient aucun Ennemi à craindre.

Dion remarque très-bien que, depuis les Empereurs, il fut plus difficile d'écrire l'Histoire : tout devint secret ; toutes les dépêches des Provinces furent portées dans le cabinet des Empereurs ; on ne sçut plus que ce que la folie & la hardiesse des Tyrans ne voulut point cacher, ou ce que les Historiens conjecturerent.

CHAPITRE XIV.

Tibere.

COMME on voit un fleuve miner lentement & sans bruit les digues qu'on lui oppose, & enfin les renverser dans un moment, & couvrir les campagnes qu'elles conservoient; ainsi la Puissance Souveraine sous AUGUSTE agit insensiblement, & renversa sous TIBERE avec violence.

Il y avoit une *Loi de Majesté* contre ceux qui commettoient quelqu'attentat contre le Peuple Romain. TIBERE se saisit de cette Loi, & l'appliqua non pas aux cas pour lesquels elle avoit été faite, mais à tout ce qui pût servir sa haine ou ses défiances. Ce n'étoient pas seulement les actions qui tomboient dans le cas de cette Loi; mais des paroles, des signes, & des pensées mêmes; car ce qui se dit dans ces épanchemens de cœur que la conversation produit entre deux amis, ne peut être regardé que comme des penſées : Il n'y eut donc plus de liberté dans les feſtins, de confiance dans les parentés, de fidélité dans les Eſclaves ; la diſſimulation & la triſteſſe du Prince ſe communiquant partout, l'amitié fut regardée comme un écueil, l'ingénuité comme une imprudence, la vertu comme une affectation qui pouvoit rappeller dans l'eſprit des Peuples le bonheur des temps précédens.

Il n'y a point de plus cruelle tyrannie que celle que l'on exerce à l'ombre des Loix, & avec les couleurs de la Juſtice, lorſqu'on va, pour ainſi dire, noyer des malheureux ſur la planche même ſur laquelle ils s'étoient ſauvés.

Et comme il n'eſt jamais arrivé qu'un Tyran ait manqué d'inſtrumens de ſa tyrannie, TIBERE trouva toujours des Juges prêts à condamner autant de gens qu'il en pût ſoupçonner. Du temps de la République, le Sénat, qui ne jugeoit point en corps les affaires des particuliers, connoiſſoit, par une délégation du Peuple, des crimes qu'on imputoit aux Alliés. TIBERE lui renvoya de même le jugement de tout

tout ce qu'il appelloit crime de *Leze-Majeſté* contre lui. Ce Corps tomba dans un état de baſſeſſe qui ne peut s'exprimer ; les Sénateurs alloient au-devant de la ſervitude ; ſous la faveur de SEJAN, les plus illuſtres d'entr'eux faiſoient le métier de délateurs.

Il me ſemble que je vois pluſieurs cauſes de cet eſprit de ſervitude qui régnoit pour lors dans le Sénat. Après que CE'SAR eût vaincu le parti de la République, les amis & les ennemis qu'il avoit dans le Sénat concoururent également à ôter toutes les bornes que les Loix avoient miſes à ſa puiſſance, & à lui déférer des honneurs exceſſifs; les uns cherchoient à lui plaire, les autres à le rendre odieux. Dion nous dit que quelques-uns allerent juſqu'à propoſer qu'il lui fût permis de jouir de toutes les femmes qu'il lui plairoit ; cela fit qu'il ne ſe défia point du Sénat, & qu'il y fut aſſaſſiné ; mais cela fit auſſi que dans les Régnes ſuivans il n'y eut point de flaterie qui fût ſans exemple, & qui pût révolter les eſprits.

Avant que Rome fût gouvernée par un ſeul, les richeſſes des principaux

Romains étoient immenses, quelles que fussent les voies qu'ils employoient pour les acquérir: elles furent presque toutes ôtées sous les Empereurs; les Sénateurs n'avoient plus ces grands Cliens qui les combloient de biens; on ne pouvoit guéres rien prendre dans les Provinces que pour CE'SAR; surtout lorsque ses Procurateurs, qui étoient à peu près comme sont aujourd'hui nos Intendans, y furent établis. Cependant, quoique la source des richesses fût coupée, les dépenses subsistoient toujours, le train de vie étoit pris, & on ne pouvoit plus le soutenir que par la faveur de l'Empereur.

AUGUSTE avoit ôté au Peuple la puissance de faire des Loix, & celle de juger les crimes publics; mais il lui avoit laissé, ou du moins avoit paru lui laisser celle d'élire les Magistrats. TIBERE, qui craignoit les assemblées d'un Peuple si nombreux, lui ôta encore ce privilége, & le donna au (1) Sénat, c'est-à-dire, à lui-même: or on ne sçauroit croire combien cette décadence du pouvoir du Peuple avilit l'a-

(1) Tacit. Annal. l. 1. Dion; l. 54.

me des grands. Lorsque le Peuple dis- CHAP.
posoit des dignités, les Magistrats qui XIV.
les briguoient faisoient bien des bassesses, mais elles étoient jointes à une
certaine magnificence qui les cachoit,
soit qu'ils donnassent des Jeux ou de
certains repas au Peuple, soit qu'ils lui
distribuassent de l'argent ou des grains:
quoique le motif fût bas, le moyen
avoit quelque chose de noble, parce
qu'il convient toujours à un grand
homme d'obtenir par des libéralités la
faveur du Peuple. Mais lorsque le Peuple n'eut plus rien à donner, & que le
Prince au nom du Sénat disposa de
tous les emplois, on les demanda, &
on les obtint par des voies indignes;
la flaterie, l'infamie, les crimes furent
des arts nécessaires pour y parvenir.

Il ne paroît pourtant point que TIBE-
RE voulût avilir le Sénat ; il ne se plai-
gnoit de rien tant que du penchant
qui entraînoit ce Corps à la servitude ;
toute sa vie est pleine de ses dégoûts
là-dessus : mais il étoit comme la plupart des hommes, il vouloit des choses
contradictoires : sa politique générale
n'étoit point d'accord avec ses pas-

sions particulieres. Il auroit desiré un Sénat libre, & capable de faire respecter son gouvernement; mais il vouloit aussi un Sénat qui satisfît à tous les momens ses craintes, ses jalousies, ses haines; enfin l'homme d'Etat cédoit continuellement à l'homme.

Nous avons dit que le Peuple avoit autrefois obtenu des Patriciens qu'il auroit des Magistrats de son Corps qui le défendroient contre les insultes & les injustices qu'on pourroit lui faire: afin qu'ils fussent en état d'exercer ce pouvoir, on les déclara sacrés & inviolables, & on ordonna que quiconque maltraiteroit un Tribun de fait ou par paroles, seroit sur le champ puni de mort. Or les Empereurs étant revêtus de la puissance des Tribuns, ils en obtinrent les priviléges; & c'est sur ce fondement qu'on fit mourir tant de gens; que les délateurs purent faire leur métier tout à leur aise; & que l'accusation de leze-Majesté, ce crime, dit Pline, de ceux à qui on ne peut point imputer de crime, fut étendu à ce qu'on voulut.

Je crois pourtant que quelques-uns

de ces titres d'accusation n'étoient pas si ridicules qu'ils nous paroissent aujourd'hui ; & je ne puis penser que Tibere eût fait accuser un homme pour avoir vendu avec sa maison la statue de l'Empereur ; que Domitien eût fait condamner à mort une femme pour s'être déshabillée devant son Image, & un Citoyen parce qu'il avoit la description de toute la terre peinte sur les murailles de sa chambre, si ces actions n'avoient réveillé dans l'esprit des Romains que l'idée qu'elles nous donnent à présent. Je crois qu'une partie de cela est fondé sur ce que Rome ayant changé de gouvernement, ce qui ne nous paroît pas de conséquence pouvoit l'être pour lors : j'en juge par ce que nous voyons aujourd'hui chez une Nation qui ne peut pas être soupçonnée de tyrannie, où il est défendu de boire à la santé d'une certaine personne.

Je ne puis rien passer qui serve à faire connoître le genie du Peuple Romain : il s'étoit si fort accoutumé à obéir, & à faire toute sa félicité de la différence de ses maîtres, qu'après la mort de Germanicus il donna des marques de deuil, de regret & de défespoir, que l'on ne trouve plus parmi nous. Il faut voir les Historiens décrire (1) la défolation publique si grande, si longue, si peu modérée : & cela n'étoit point joué ; car le corps entier du Peuple n'affecte, ne flate, ni ne diffimule.

Le Peuple Romain, qui n'avoit plus de part au Gouvernement, compofé prefque d'Affranchis, ou de gens fans induftrie qui vivoient aux dépens du Tréfor public, ne fentoit que fon impuiffance ; il s'affligeoit comme les enfans & les femmes, qui fe défolent par le fentiment de leur foibleffe : il étoit mal ; il plaça fes craintes & fes efpérances fur la perfonne de Germanicus ; & cet objet lui étant enlevé, il tomba dans le défefpoir.

Il n'y a point de gens qui craignent si fort les malheurs, que ceux que la mifere de leur condition pourroit raffûrer, & qui devroient dire avec Andromaque : *Plût à Dieu que je craigniffe!* Il y a aujourd'hui à Naples cin-

(1) Voyez Tacite.

quante mille hommes qui ne vivent que d'herbes, & n'ont pour tout bien que la moitié d'un habit de toile : ces gens-là, les plus malheureux de la terre, tombent dans un abattement affreux à la moindre fumée du Vésuve ; ils ont la sottise de craindre de devenir malheureux.

CHAPITRE XV.

Des Empereurs depuis CAÏUS CALIGULA *jusqu'à* ANTONIN.

CALIGULA succéda à TIBERE : on disoit de lui qu'il n'y avoit jamais eu un meilleur Esclave, ni un plus méchant Maître : ces deux choses sont assez liées ; car la même disposition d'esprit qui fait qu'on a été vivement frapé de la puissance illimitée de celui qui commande, fait qu'on ne l'est pas moins lorsque l'on vient à commander soi-même.

CALIGULA rétablit les Comices (1)

(1) Il les ôta dans la suite.

que TIBERE avoit ôtées, & abolit ce crime arbitraire de leze-Majesté qu'il avoit établi : par où l'on peut juger que le commencement du régne des mauvais Princes, est souvent comme la fin de celui des bons ; parce que, par un esprit de contradiction sur la conduite de ceux à qui ils succedent, ils peuvent faire ce que les autres font par vertu : & c'est à cet esprit de contradiction que nous devons bien de bons réglemens, & bien des mauvais aussi.

Qu'y gagna-t'on ? CALIGULA ôta les accusations des crimes de leze-Majesté, mais il faisoit mourir militairement tous ceux qui lui déplaisoient; & ce n'étoit pas à quelques Sénateurs qu'il en vouloit, il tenoit le glaive suspendu sur le Sénat qu'il menaçoit d'exterminer tout entier.

Cette épouvantable tyrannie des Empereurs venoit de l'esprit général des Romains : Comme ils tomberent tout-à-coup sous un gouvernement arbitraire, & qu'il n'y eut presque point d'intervalle chez eux entre commander & servir, ils ne furent point préparés à ce passage par des mœurs douces ;

l'humeur

l'humeur féroce resta; les Citoyens fu- CHAP.
rent traités comme ils avoient traité XV.
eux-mêmes les Ennemis vaincus, &
furent gouvernés sur le même plan.
Sylla entrant dans Rome, ne fut pas
un autre homme que Sylla entrant
dans Athenes; il exerça le même Droit
des gens. Pour les Etats qui n'ont été
soumis qu'insensiblement, lorsque les
loix leur manquent, ils sont encore
gouvernés par les mœurs.

La vue continuelle des combats des
Gladiateurs rendoit les Romains extrêmement féroces: on remarqua que
Claude devint plus porté à répandre
le sang à force de voir ces sortes de
spectacles: l'exemple de cet Empereur
qui étoit d'un naturel doux, & qui fit
tant de cruautés, fait bien voir que l'é-
ducation de son temps étoit différente
de la nôtre.

Les Romains, accoutumés à se jouer
de la nature humaine dans (1) la per-
sonnne de leurs enfans & de leurs esclaves, ne pouvoient guéres connoître
cette vertu que nous appellons huma-

(1) Voyez les loix Romaines sur la puissance
des Peres & celle des Meres.

P

nité. D'où peut venir cette férocité que nous trouvons dans les habitans de nos Colonies, que de cet usage continuel des châtimens sur une malheureuse partie du genre humain ? Lorsque l'on est cruel dans l'état civil, que peut-on attendre de la douceur & de la justice naturelle ?

On est fatigué de voir dans l'Histoire des Empereurs le nombre infini de gens qu'ils firent mourir pour confisquer leurs biens : nous ne trouvons rien de semblable dans nos Histoires modernes. Cela, comme nous venons de dire, doit être attribué à des mœurs plus douces, & à une Religion plus réprimante ; & de plus on n'a point à dépouiller les familles de ces Sénateurs, qui avoient ravagé le monde ; nous tirons cet avantage de la médiocrité de nos fortunes, qu'elles sont plus sûres ; nous (1) ne valons pas la peine qu'on nous ravisse nos biens.

Le Peuple de Rome, ce que l'on

---

(1) Le Duc de Bragance avoit des biens immenses dans le Portugal : lorsqu'il se révolta, on félicita le Roi d'Espagne de la riche confiscation qu'il alloit avoir.

appelloit *Plebs*, ne haïssoit pas les plus mauvais Empereurs. Depuis qu'il avoit perdu l'Empire, & qu'il n'étoit plus occupé à la guerre, il étoit devenu le plus vil de tous les Peuples; il regardoit le commerce & les arts comme des choses propres aux seuls esclaves; & les distributions de bled qu'il recevoit lui faisoient négliger les terres; on l'avoit accoutumé aux jeux & aux spectacles: Quand il n'eut plus de Tribuns à écouter, ni de Magistrats à élire, ces choses vaines lui devinrent nécessaires, & son oisiveté lui en augmenta le goût. Or CALIGULA, NERON, COMMODE, CARACALLA, étoient regrettés du Peuple à cause de leur folie même: car ils aimoient avec fureur ce que le Peuple aimoit, & contribuoient de tout leur pouvoir & même de leur personne à ses plaisirs; ils prodiguoient pour lui toutes les richesses de l'Empire; & quand elles étoient épuisées, le Peuple voyant sans peine dépouiller toutes les grandes familles, il jouissoit des fruits de la tyrannie, & il en jouissoit purement; car il trouvoit sa sûreté dans sa bassesse. De tels Princes haïssoient naturellement les gens de bien ; ils sçavoient qu'ils n'en étoient pas approuvés (1) : indignés de la contradiction ou du silence d'un Citoyen auftere, enyvrés des applaudiffemens de la populace, ils parvenoient à s'imaginer que leur gouvernement faifoit la félicité publique, & qu'il n'y avoit que des gens mal intentionnés qui puffent le cenfurer.

CALIGULA étoit un vrai Sophifte dans fa cruauté : Comme il defcendoit également d'ANTOINE & d'AUGUSTE, il difoit qu'il puniroit les Confuls s'ils célébroient le jour de réjouiffance établi en mémoire de la victoire d'Ac-

(1) Les Grecs avoient des Jeux où il étoit décent de combattre, comme il étoit glorieux d'y vaincre. les Romains n'avoient guéres que des Spectacles, & celui des infâmes Gladiateurs leur étoit particulier. Or qu'un grand perfonnage defcendît lui-même fur l'Arène, ou montât fur le Théâtre, la gravité Romaine ne le fouffroit pas. Comment un Sénateur auroit-il pu s'y réfoudre, lui à qui les loix défendoient de contracter aucune alliance avec des gens que les dégoûts ou les applaudiffemens mêmes du Peuple avoient flétris ? Il y parut pourtant des Empereurs : & cette folie, qui montroit en eux le plus grand déréglement du cœur, un mépris de ce qui étoit beau, de ce qui étoit honnête, de ce qui étoit bon, eft toujours marqué chez les Hiftoriens avec le caractere de la tyrannie.

tium, & qu'il les puniroit s'ils ne le célébroient pas; & Drusille à qui il accorda des honneurs divins, étant morte, c'étoit un crime de la pleurer parce qu'elle étoit Déesse, & de ne la pas pleurer parce qu'elle étoit sa sœur.

C'est ici qu'il faut se donner le spectacle des choses humaines: Qu'on voie dans l'histoire de Rome tant de guerres entreprises, tant de sang répandu, tant de Peuples détruits, tant de grandes actions, tant de triomphes, tant de politique, de sagesse, de prudence, de constance, de courage; ce projet d'envahir tout si bien formé, si bien soutenu, si bien fini; à quoi aboutit-il, qu'à assouvir le bonheur de cinq ou six monstres? Quoi! ce Sénat n'avoit fait évanouir tant de Rois, que pour tomber lui-même dans le plus bas esclavage de quelques-uns de ses plus indignes Citoyens, & s'exterminer par ses propres arrêts? On n'éleve donc sa puissance, que pour la voir mieux renversée? Les hommes ne travaillent à augmenter leur pouvoir, que pour le voir tomber contre eux-mêmes dans de plus heureuses mains?

CHAP. XV.

Caligula ayant été tué, le Sénat s'assembla pour établir une forme de gouvernement; dans le temps qu'il délibéroit, quelques Soldats entrerent dans le palais pour piller : ils trouverent dans un lieu obscur un homme tremblant de peur; c'étoit Claude: ils le saluerent Empereur.

Claude acheva de perdre les anciens ordres, en donnant à ses Officiers (1) le droit de rendre la justice. Les guerres de Marius (2) & de Sylla ne se faisoient principalement que pour sçavoir qui auroit ce droit, des Sénateurs ou des Chevaliers; une fantaisie d'un imbécile l'ôta aux uns & aux autres : étrange succès d'une dispute qui avoit mis en combustion tout l'Univers !

Il n'y a point d'autorité plus absolue

―――――――――

(1) Auguste avoit établi les Procurateurs; mais ils n'avoient point de jurisdiction; & quand on ne leur obéissoit pas, il falloit qu'ils recourussent à l'autorité du Gouverneur de la Province, ou du Préteur. Mais sous Claude, ils eurent la jurisdiction ordinaire, comme Lieutenans de la Province : ils jugerent encore des affaires fiscales; ce qui mit les fortunes de tout le monde entre leurs mains.
(2) Voyez Tacite, *Annal. liv.* 12.

que celle du Prince qui succéde à la République ; car il se trouve avoir toute la puissance du Peuple qui n'avoit pu se limiter lui-même. Aussi voyons-nous aujourd'hui les Rois de Dannemarck exercer le pouvoir le plus arbitraire qu'il y ait en Europe.

Le Peuple ne fut pas moins avili que le Sénat & les Chevaliers. Nous avons vu que jusqu'au temps des Empereurs il avoit été si belliqueux, que les Armées qu'on levoit dans la Ville se disciplinoient sur le champ, & alloient droit à l'Ennemi. Dans les guerres civiles de VITELLIUS & de VÉSPASIEN, Rome en proie à tous les ambitieux, & pleine de Bourgeois timides, trembloit devant la premiere bande de Soldats qui pouvoit s'en approcher.

La condition des Empereurs n'étoit pas meilleure : comme ce n'étoit pas une seule Armée qui eût le droit ou la hardiesse d'en élire un, c'étoit assez que quelqu'un fût élu par une Armée, pour devenir désagréable aux autres, qui lui nommoient d'abord un compétiteur.

Ainsi comme la grandeur de la République fut fatale au gouvernement

Républicain, la grandeur de l'Empire le fut à la vie des Empereurs. S'ils n'avoient eu qu'un pays médiocre à défendre, ils n'auroient eu qu'une principale Armée, qui, les ayant une fois élus, auroit respecté l'ouvrage de ses mains.

Les Soldats avoient été attachés à la famille de CE'SAR, qui étoit garante de tous les avantages que leur auroit procuré la révolution. Le temps vint que les grandes familles de Rome furent toutes exterminées par celle de CE'SAR; & que celle de CE'SAR, dans la personne de NERON, périt elle-même. La puissance civile, qu'on avoit sans cesse abattue, se trouva hors d'état de contrebalancer la militaire; chaque Armée voulut faire un Empereur.

Comparons ici les temps : Lorsque TIBERE commença à régner, quel parti ne tira-t'il pas du Sénat (1) ? Il apprit que les Armées d'Illyrie & de Germanie s'étoient soulevées : Il leur accorda quelques demandes, & il soutint que c'étoit au Sénat (2) à juger

(1) Tacite, *Annal. liv.* 1.
(2) *Cætera Senatui servanda.* Tacit. *Ann. l.* 1.

ET LEUR DE'CADENCE. 177

des autres ; il leur envoya des Députés de ce Corps. Ceux qui ont cessé de craindre le pouvoir, peuvent encore respecter l'autorité. Quand on eut représenté aux Soldats, comment dans une Armée Romaine les enfans de l'Empereur & les Envoyés du Sénat Romain couroient risque (1) de la vie, ils purent se repentir, & aller jusqu'à se punir (2) eux-mêmes : Mais quand le Sénat fut entiérement abattu, son exemple ne toucha personne. Envain OTHON (3) harangue-t'il ses Soldats pour leur parler de la dignité du Sénat; en vain VITELLIUS (4) envoye-t'il les principaux Sénateurs pour faire sa paix avec VESPASIEN : On ne rend point dans un moment aux ordres de l'Etat le respect qui leur a été ôté si long-temps. Les Armées ne regarderent ces Députés que comme les plus lâches Esclaves d'un Maître qu'elles avoient déja réprouvé.

CHP. XV.

(1) Voyez la harangue de Germanicus. Tacite, *Annal.* l. 1.
(2) *Gaudebat cædibus Miles, quasi semet absolveret.* Tacite, *Annal.* l. 1. On révoqua dans la suite les priviléges extorqués. Tacite, *ibid.*
(3) Tacite, *H[ist.]* [l.] 1.
(4) Tacite, *Hist.* l. 3.

C'étoit une ancienne coutume des Romains, que celui qui triomphoit, diſtribuoit quelques deniers à chaque Soldat : c'étoit peu de choſe (1). Dans les guerres civiles, on augmenta (2) ces dons. On les faiſoit autrefois de l'argent pris ſur les Ennemis ; dans ces temps malheureux, on donna celui des Citoyens, & les Soldats vouloient un partage là où il n'y avoit pas de butin : Ces diſtributions n'avoient lieu qu'après une guerre ; Neron les fit pendant la paix : les Soldats s'y accoutumerent ; & ils frémirent contre Galba, qui leur diſoit avec courage qu'il ne ſçavoit pas les acheter, mais qu'il ſçavoit les choiſir.

Galba, Othon (3), Vitellius

(1) Voyez dans Tite-Live les ſommes diſtribuées dans divers Triomphes. L'eſprit des Capitaines étoit de porter beaucoup d'argent dans le Tréſor public, & d'en donner peu aux Soldats.

(2) Paul-Æmile, dans un temps où la grandeur des conquêtes avoit fait augmenter les libéralités, ne diſtribua que cent deniers à chaque Soldat ; mais Céſar en donna deux mille, & ſon exemple fut ſuivi par Antoine & Octave, par Brutus & Caſſius. V. *Dion & Appien.*

(3) *Suſcepére duo Manipḷares Imperium Populi Romani transferendum transſtulerunt.* Tacite, *l. 1.*

ne firent que passer : VESPASIEN fut élu comme eux par les Soldats ; il ne songea dans tout le cours de son régne qu'à rétablir l'Empire, qui avoit été successivement occupé par six tyrans également cruels, presque tous furieux, souvent imbéciles, & pour comble de malheur, prodigues jusques à la folie.

TITE qui lui succéda, fut les délices du Peuple Romain : DOMITIEN fit voir un nouveau monstre, plus cruel, ou du moins plus implacable que ceux qui l'avoient précédé, parce qu'il étoit plus timide.

Ses Affranchis les plus chers, &, à ce que quelques-uns ont dit, sa femme même, voyant qu'il étoit aussi dangereux dans ses amitiés que dans ses haines, & qu'il ne mettoit aucunes bornes à ses méfiances ni à ses accusations, s'en défirent. Avant de faire le coup, ils jetterent les yeux sur un successeur, & choisirent NERVA, vénérable vieillard.

NERVA adopta TRAJAN, Prince le plus accompli dont l'histoire ait jamais parlé : ce fut un bonheur d'être né sous son régne ; il n'y en eut point de si heureux ni de si glorieux pour le Peuple Romain. Grand homme d'Etat, grand Capitaine; ayant un cœur bon, qui le portoit au bien; un esprit éclairé, qui lui montroit le meilleur; une ame noble, grande, belle; avec toutes les vertus n'étant extrême sur aucune; enfin l'homme le plus propre à honorer la Nature humaine, & représenter la divine.

Il exécuta le projet de CE'SAR, & fit avec succès la guerre aux Parthes : tout autre auroit succombé dans une entreprise où les dangers étoient toujours présens, & les ressources éloignées, où il falloit absolument vaincre, & où il n'étoit pas sûr de ne pas périr après avoir vaincu.

La difficulté consistoit, & dans la situation des deux Empires, & dans la maniere de faire la guerre des deux Peuples. Prenoit-on le chemin de l'Armenie, vers les sources du Tygre & de l'Euphrate ? On trouvoit un pays montueux & difficile, où l'on ne pouvoit mener de convois, de façon que l'Armée étoit demi ruinée avant d'arriver en Médie (1). Entroit-on plus bas vers le midi par Nisibe ? On trouvoit un désert affreux qui séparoit les deux Empires. Vouloit-on passer plus bas encore, & aller par la Mésopotamie ? On traversoit un pays en partie inculte, en partie submergé; & le Tygre & l'Euphrate, allant du Nord au Midi, on ne pouvoit pénétrer dans le pays sans quitter ces fleuves, ni guéres quitter ces fleuves sans périr.

Quant à la maniere de faire la guerre des deux Nations, la force des Romains consistoit dans leur Infanterie, la plus forte, la plus ferme, & la mieux disciplinée du monde.

Les Parthes n'avoient point d'Infanterie, mais une Cavalerie admirable : ils combattoient de loin, & hors de la portée des armes Romaines; le javelot pouvoit rarement les atteindre ; leurs armes étoient l'arc, & des fléches redoutables ; ils assiégeoient une Armée plutôt qu'ils ne la combattoient; inutilement poursuivis, parce que chez

___

(1) Le pays ne fournissoit pas d'assez grands arbres pour faire des machines pour assiéger les places. Plutarque, *Vie d'Antoine.*

eux fuir c'étoit combattre ; ils faisoient retirer les Peuples à mesure qu'on approchoit, & ne laissoient dans les places que les garnisons ; & lorsqu'on les avoit prises, on étoit obligé de les détruire ; ils brûloient avec art tout le pays autour de l'Armée ennemie, & lui ôtoient jusques à l'herbe même ; enfin ils faisoient à peu près la guerre comme on la fait encore aujourd'hui sur les mêmes frontieres.

D'ailleurs les Légions d'Illyrie & de Germanie qu'on transportoit dans cette guerre, n'y étoient pas (1) propres ; les Soldats accoutumés à manger beaucoup dans leur pays, y périssoient presque tous.

Ainsi ce qu'aucune Nation n'avoit pas encore fait, d'éviter le joug des Romains, celle des Parthes le fit, non pas comme invincible, mais comme inaccessible.

Adrien abandonna les conquêtes (2) de Trajan, & borna l'Empire à l'Euphrate : & il est admirable qu'après

(1) Voyez Hérodien, *Vie d'Alexandre*.
(2) Voyez *Eutrope*. La Dacie ne fut abandonnée que sous Aurelien.

tant de guerres, les Romains n'eussent perdu que ce qu'ils avoient voulu quitter, comme la mer qui n'est moins étendue que lorsqu'elle se retire d'elle-même.

CHAP. XV.

La conduite d'ADRIEN causa beaucoup de murmures; on lisoit (1) dans les Livres sacrés des Romains, que lorsque Tarquin voulut bâtir le Capitole, il trouva que la place la plus convenable étoit occupée par les statues de beaucoup d'autres Divinités: il s'enquit, par la science qu'il avoit dans les Augures, si elles voudroient céder leur place à Jupiter; toutes y consentirent, à la réserve de Mars, de la Jeunesse, & du Dieu Terme. Là-dessus s'établirent trois opinions religieuses; que le Peuple de Mars ne céderoit à personne le lieu qu'il occupoit; que la Jeunesse Romaine ne seroit point surmontée; & qu'enfin le Dieu Terme des Romains ne reculeroit jamais: ce qui arriva pourtant sous ADRIEN.

(1) S. Aug. de la Cité de Dieu, L. 4. chap. 23. & 29.

CHAPITRE XVI.

De l'Etat de l'Empire depuis Antonin jusqu'à Probus.

Dans ces temps-là la Secte des Stoïciens s'étendoit & s'accréditoit dans l'Empire ; il sembloit que la nature humaine eut fait un effort pour produire d'elle-même cette Secte admirable, qui étoit comme ces plantes que la terre fait naître dans des lieux que le Ciel n'a jamais vus.

Les Romains lui durent leurs meilleurs Empereurs : Rien n'est capable de faire oublier le premier Antonin, que Marc-Aurele, qu'il adopta ; on sent en soi-même un plaisir secret lorsqu'on parle de cet Empereur ; on ne peut lire sa Vie sans une espece d'attendrissement ; tel est l'effet qu'elle produit, qu'on a meilleure opinion de soi-même, parce qu'on a meilleure opinion des hommes.

La sagesse de Nerva, la gloire de Trajan,

ET LEUR DÉCADENCE. 185
TRAJAN, la valeur d'ADRIEN, la ver- CHAP.
tu des deux ANTONINS se firent res- XVI.
pecter des Soldats; mais lorsque de
nouveaux monstres prirent leur place,
l'abus du Gouvernement militaire parut dans tout son excès; & les Soldats qui avoient vendu l'Empire, assassinerent les Empereurs pour en avoir un nouveau prix.

On dit qu'il y a un Prince dans le monde qui travaille depuis quinze ans à abolir dans ses Etats le Gouvernement Civil, pour y établir le Gouvernement Militaire. Je ne veux point faire des réflexions odieuses sur ce dessein: je dirai seulement que par la nature des choses, deux cent Gardes peuvent mettre la vie d'un Prince en sûreté, & non pas quatre-vingt mille; outre qu'il est plus dangereux d'opprimer un Peuple armé qu'un autre qui ne l'est pas.

COMMODE succéda à MARC-AURELE son Pere; c'étoit un monstre qui suivoit toutes ses passions & toutes celles de ses Ministres & de ses Courtisans. Ceux qui en délivrerent le monde mirent en sa place PERTINAX, vénérable

Q

vieillard, que les Soldats Prétoriens maſſacrerent d'abord.

Ils mirent l'Empire à l'enchere, & Didius Julien l'emporta par ſes promeſſes : cela souleva tout le monde; car, quoique l'Empire eût été ſouvent acheté, il n'avoit pas encore été marchandé. Pescennius Niger, Severe & Albin furent ſalués Empereurs; & Julien n'ayant pu payer les ſommes immenſes qu'il avoit promiſes, fut abandonné par ſes Soldats.

Severe défit Niger & Albin : il avoit de grandes qualités; mais la douceur, cette premiere vertu des Princes, lui manquoit.

La puiſſance des Empereurs pouvoit plus aiſément paroître tyrannique, que celle des Princes de nos jours. Comme leur dignité étoit un aſſemblage de toutes les Magiſtratures Romaines ; que Dictateurs ſous le nom d'Empereurs, Tribuns du Peuple, Proconſuls, Cenſeurs, grands Pontifes, & quand ils vouloient Conſuls, ils exerçoient ſouvent la Juſtice diſtributive; ils pouvoient aiſément faire ſoupçonner que ceux qu'ils avoient condamnés, ils les avoient opprimés ; le Peuple jugeant ordinairement de l'abus de la puissance par la grandeur de la puissance : Au lieu que les Rois d'Europe, Législateurs & non pas exécuteurs de la Loi, Princes & non pas Juges, se sont déchargés de cette partie de l'autorité qui peut être odieuse ; & faisant eux-mêmes les graces, ont commis à des Magistrats particuliers la distribution des peines.

Il n'y a guéres eu d'Empereurs plus jaloux de leur autorité que TIBERE & SEVERE : cependant ils se laisserent gouverner, l'un par SÉJAN, l'autre par PLAUTIEN, d'une maniere misérable.

La malheureuse coutume de proscrire introduite par SYLLA, continua sous les Empereurs ; & il falloit même qu'un Prince eût quelque vertu, pour ne la pas suivre : Car comme ses Ministres & ses Favoris jettoient d'abord les yeux sur tant de confiscations, ils ne lui parloient que de la nécessité de punir & des périls de la clémence.

Les proscriptions de SEVERE firent que plusieurs Soldats de NI-

CHAP. XVI.

GER (1) se retirerent chez les Parthes (2) : ils leur apprirent ce qui manquoit à leur Art militaire, à faire usage des armes Romaines, & même à en fabriquer ; ce qui fit que ces Peuples (3) qui s'étoient ordinairement contentés de se défendre, furent dans la suite presque toujours aggresseurs.

Il est remarquable que dans cette suite de guerres civiles qui s'éleverent continuellement, ceux qui avoient les Légions d'Europe, vainquirent presque toujours ceux qui avoient les Légions d'Asie (4) ; & l'on trouve dans

---

(1) Hérodien, *Vie de Severe*.

(2) Le mal continua sous Alexandre. Artaxerxès, qui rétablit l'Empire des Perses, se rendit formidable aux Romains, parce que leurs Soldats, par caprice ou par libertinage, déserterent en foule vers lui. *Abrégé de Xiphilin du livre 80 de Dion*.

(3) C'est-à-dire, les Perses qui les suivirent.

(4) Severe défit les Légions Asiatiques de Niger, Constantin celles de Licinius : Vespasien, quoique proclamé par les Armées de Syrie, ne fit la guerre à Vitellius qu'avec les Légions de Mœsie, de Pannonie & de Dalmatie. Ciceron étant dans son Gouvernement, écrivoit au Sénat qu'on ne pouvoit compter sur les levées faites en Asie. Constantin ne vainquit Maxence, dit Zozime, que par sa Cavalerie. Sur cela voyez ci-dessous le septiéme alinéa du Chap. XXII.

l'Histoire de SEVERE, qu'il ne put prendre la Ville d'Atra en Arabie, parce que les Légions d'Europe s'étant mutinées, il fut obligé de se servir de celles de Syrie.

On sentit cette différence depuis qu'on commença (1) à faire des levées dans les Provinces ; & elle fut telle entre les Légions qu'elle étoit entre les Peuples mêmes, qui, par la nature & par l'éducation, sont plus ou moins propres pour la Guerre.

Ces levées faites dans les Provinces produisirent un autre effet ; les Empereurs, pris ordinairement dans la Milice, furent presque tous étrangers, & quelquefois Barbares ; Rome ne fut plus la Maîtresse du Monde, mais elle reçut des Loix de tout l'Univers.

Chaque Empereur y porta quelque chose de son pays, ou pour les manieres, ou pour les mœurs, ou pour la police, ou pour le culte : & HELIOGABALE alla jusqu'à vouloir détruire tous

(1) Auguste rendit les Légions des Corps fixes, & les plaça dans les Provinces ; dans les premiers temps on ne faisoit des levées qu'à Rome, ensuite chez les Latins, après dans l'Italie, enfin dans les Provinces.

les objets de la vénération de Rome, & ôter tous les Dieux de leurs Temples, pour y placer le sien.

Ceci, indépendamment des voies secrettes que Dieu choisit, & que lui seul connoît, servit beaucoup à l'établissement de la Religion Chrétienne; car il n'y avoit plus rien d'étranger dans l'Empire, & l'on y étoit préparé à recevoir toutes les Coutumes qu'un Empereur voudroit introduire.

On sçait que les Romains reçurent dans leur Ville les Dieux des autres Pays : ils les reçurent en Conquérans; ils les faisoient porter dans les Triomphes. Mais lorsque les Etrangers vinrent eux-mêmes les rétablir, on les réprima d'abord. On sçait de plus que les Romains avoient coutume de donner aux Divinités Etrangeres les noms de celles des leurs qui y avoient le plus de rapport : mais lorsque les Prêtres des autres Pays voulurent faire adorer à Rome leurs Divinités sous leurs propres noms, ils ne furent pas soufferts; & ce fut un des grands obstacles que trouva la Religion Chrétienne.

On pourroit appeller Caracalla, non pas un Tyran, mais le destructeur des hommes: Caligula, Neron & Domitien bornoient leurs cruautés dans Rome; celui-ci alloit promener sa fureur dans tout l'Univers.

Chap. XVI.

Severe avoit employé les exactions d'un long Régne, & les proscriptions de ceux qui avoient suivi le parti de ses Concurrens, à amasser des Trésors immenses.

Caracalla ayant commencé son Régne par tuer de sa propre main Geta son frere, employa ses richesses à faire souffrir son crime aux Soldats qui aimoient Geta, & disoient qu'ils avoient fait serment aux deux enfans de Severe, non pas à un seul.

Ces Trésors amassés par des Princes n'ont presque jamais que des effets funestes: ils corrompent le Successeur, qui en est ébloui; & s'ils ne gâtent pas son cœur, ils gâtent son esprit: Il forme d'abord de grandes entreprises avec une puissance qui est d'accident, qui ne peut pas durer, qui n'est pas naturelle, & qui est plutôt enflée qu'aggrandie.

Caracalla augmenta la paye des

Chap. XVI.

Soldats; Macrin écrivit au Sénat que cette augmentation alloit à soixante & dix (1) millions de drachmes (2). Il y a apparence que ce Prince enfloit les choses: & si l'on compare la dépense de la paye de nos Soldats d'aujourd'hui avec le reste des dépenses publiques, & qu'on suive la même proportion pour les Romains, on verra que cette somme eût été énorme.

Il faut chercher quelle étoit la paye du Soldat Romain. Nous apprenons d'Oroze que Domitien augmenta d'un quart la paye (3) établie. Il paroît par le discours d'un Soldat dans Tacite (4), qu'à la mort d'Auguste elle étoit de dix onces de cuivre. On trouve dans Suétone (5) que Cèsar avoit doublé la paye de son temps. Pline (6) dit qu'à la seconde guerre Puni-

(1) Sept mille miriades. Dion, *in Macrin*.
(2) La drachme Attique étoit le denier Romain, la huitiéme partie de l'once, & la soixante quatriéme partie de notre marc.
(3) Il l'augmenta en raison de soixante & quinze à cent.
(4) Annal. *l.* 1.
(5) *Vie de César.*
(6) Hist. Nat. *liv.* 33. *art.* 13. Au lieu de donner dix onces de cuivre pour vingt, on en donna seize.

que,

que, on l'avoit diminuée d'un cinquiéme. Elle fut donc d'environ (1) six onces de cuivre dans la premiere guerre Punique; de cinq onces (2) dans la seconde; de dix sous CÉSAR; & de treize & un tiers sous DOMITIEN (3). Je ferai ici quelques réflexions.

La paye que la République donnoit aisément lorsqu'elle n'avoit qu'un petit Etat, que chaque année elle faisoit une guerre, & que chaque année elle recevoit des dépouilles; elle ne put la donner sans s'endetter dans la premiere guerre Punique, qu'elle étendit ses bras hors de l'Italie, qu'elle eut à sou-

---

(1) Un Soldat, dans Plaute *in Mostellaria*, dit qu'elle étoit de trois asses; ce qui ne peut être entendu que des asses de dix onces. Mais si la paye étoit exactement de six asses dans la premiere guerre Punique, elle ne diminua pas dans la seconde d'un cinquiéme, mais d'un sixiéme, & on négligea la fraction.

(2) Polybe, qui l'évalue en Monnoie Grecque, ne diffère que d'une fraction.

(3) Voyez Groze, & Suétone *in Domit*. Ils disent la même chose sous différentes expressions. J'ai fait ces réductions en onces de cuivre, afin que, pour m'entendre, on n'eût pas besoin de la connoissance des Monnoies Romaines.

R

tenir une guerre longue & à entretenir de grandes Armées.

Dans la seconde guerre Punique la paye fut réduite à cinq onces de cuivre; & cette diminution put se faire sans danger dans un temps où la plupart des Citoyens rougirent d'accepter la solde même, & voulurent servir à leurs dépens.

Les trésors de Persée (1) & ceux de tant d'autres Rois, que l'on porta continuellement à Rome, y firent cesser les tributs. Dans l'opulence publique & particuliere, on eut la sagesse de ne point augmenter la paye de cinq onces de cuivre.

Quoique sur cette paye on fît une déduction pour le bled, les habits & les armes, elle fut suffisante, parce qu'on n'enrôloit que les Citoyens qui avoient un patrimoine.

Marius ayant enrôlé des gens qui n'avoient rien, & son exemple ayant été suivi, Cе́sar fut obligé d'augmenter la paye.

Cette augmentation ayant été continuée après la mort de Cе́sar, on fut

(1) Ciceron, *des Offices*, *liv.* 2.

contraint, sous le Consulat de Hir- Chap.
tius & de Pansa, de rétablir les tri- XVI.
buts.

La foiblesse de Domitien lui ayant fait augmenter cette paye d'un quart, il fit une grande plaie à l'Etat, dont le malheur n'est pas que le luxe y régne, mais qu'il régne dans des conditions qui, par la nature des choses, ne doivent avoir que le nécessaire physique. Enfin Caracalla ayant fait une nouvelle augmentation, l'Empire fut mis dans cet Etat, que ne pouvant subsister sans les Soldats, il ne pouvoit subsister avec eux.

Caracalla, pour diminuer l'horreur du meurtre de son frere, le mit au rang des Dieux : Et ce qu'il y a de singulier, c'est que cela lui fut exactement rendu par Macrin, qui, après l'avoir fait poignarder, voulant appaiser les Soldats Prétoriens, désespérés de la mort de ce Prince qui leur avoit tant donné, lui fit bâtir un Temple, & y établit des Prêtres Flamines en son honneur.

Cela fit que sa mémoire (1) ne fut

(1) Ælius Lampridius, *in Vit. Alexand. Severi.*

pas flétrie; & que le Sénat n'osant pas le juger, il ne fut pas mis au rang des Tyrans, comme COMMODE qui ne le méritoit pas plus que lui.

De deux grands (1) Empereurs ADRIEN & SEVERE, l'un établit la discipline militaire, & l'autre la relâcha. Les effets répondirent très-bien aux causes; les régnes qui suivirent celui d'ADRIEN furent heureux & tranquilles; après SEVERE, on vit régner toutes les horreurs.

Les profusions de CARACALLA envers les Soldats avoient été immenses; & il avoit très-bien suivi le conseil que son pere lui avoit donné en mourant, d'enrichir les gens de guerre, & de ne s'embarrasser pas des autres.

Mais cette politique n'étoit guéres bonne que pour un Régne; car le successeur ne pouvant plus faire les mêmes dépenses, étoit d'abord massacré par l'Armée : de façon qu'on voyoit toujours les Empereurs sages mis à mort par les Soldats, & les méchans par des conspirations ou des Arrêts du Sénat.

(1) Voyez l'abrégé de Xiphilin, *Vie d'Adrien*, & Hérodien, *Vie de Severe*.

Quand un Tyran qui se livroit aux gens de guerre avoit laissé les Citoyens exposés à leurs violences & à leurs rapines, cela ne pouvoit non plus durer qu'un régne; car les Soldats, à force de détruire, alloient jusqu'à s'ôter à eux-mêmes leur solde. Il falloit donc songer à rétablir la discipline militaire; entreprise qui coûtoit toujours la vie à celui qui osoit la tenter.

Quand CARACALLA eut été tué par les embûches de MACRIN, les Soldats désespérés d'avoir perdu un Prince qui donnoit sans mesure, élurent HELIOGABALE (1) : & quand ce dernier, qui n'étant occupé que de ses sales voluptés les laissoit vivre à leur fantaisie, ne put plus être souffert, ils le massacrerent : ils tuerent de même ALEXANDRE, qui vouloit rétablir la Discipline, & parloit de les punir (2).

Ainsi un Tyran qui ne s'assûroit point la vie, mais le pouvoir de faire des crimes, périssoit, avec ce funeste avanta-

(1) Dans ce temps là tout le monde se croyoit bon pour parvenir à l'Empire. Voyez Dion, *liv.* 79.
(2) Voyez Lampridius.

ge que celui qui voudroit faire mieux périroit après lui.

Après ALEXANDRE on élut MAXIMIN, qui fut le premier Empereur d'une origine barbare. Sa taille gigantesque & la force de son corps l'avoient fait connoître.

Il fut tué avec son fils par ses Soldats. Les deux premiers GORDIENS périrent en Afrique. MAXIME, BALBIN, & le troisiéme GORDIEN furent massacrés. PHILIPPE, qui avoit fait tuer le jeune GORDIEN, fut tué lui-même avec son fils : & DECE, qui fut élu en sa place, périt à son tour par la trahison de (1) GALLUS.

Ce qu'on appelloit l'Empire Romain dans ce siécle-là étoit une espéce de République irréguliere, telle à peu près que l'Aristocratie d'Alger, où la Milice qui a la puissance Souveraine,

---

(1) Casaubon remarque sur l'*Histoire Augustale*, que dans les 160 années qu'elle contient, il y eut soixante & dix personnes qui eurent justement ou injustement le titre de César ; *Adeò erant in illo Principatu, quem tamen omnes mirantur, Comitia Imperii semper incerta.* Ce qui fait bien voir la différence de ce Gouvernement à celui de France, où ce Royaume n'a eu en douze cent ans de temps que 63 Rois.

fait & défait un Magistrat qu'on appel- CHAP.
le le Dey ; & peut-être est-ce une ré- XVI.
gle assez générale, que le Gouvernement militaire est à certains égards plutôt Républicain que Monarchique.

Et qu'on ne dise pas que les Soldats
ne prenoient de part au Gouvernement
que par leur désobéissance & leurs re-
voltes : les Harangues que les Empereurs leur faisoient, ne furent-elles pas
à la fin du genre de celles que les Consuls & les Tribuns avoient faites autrefois au Peuple ? Et quoique les Armées
n'eussent pas un lieu particulier pour
s'assembler, qu'elles ne se conduisissent
point par de certaines formes, qu'elles
ne fussent pas ordinairement de sang
froid, délibérant peu & agissant beaucoup, ne disposoient-elles pas en sou-
veraines de la fortune publique ? Et
qu'étoit-ce qu'un Empereur, que le
Ministre d'un gouvernement violent,
élu pour l'utilité particuliere des Soldats ?

Quand l'Armée (1) associa à l'Empire PHILIPPE, qui étoit Préfet du
Prétoire du troisième GORDIEN, ce-

(1) Voyez Jules Capitolin.

lui-ci demanda qu'on lui laissât le Commandement entier, & il ne put l'obtenir; il harangua l'Armée, pour que la puissance fût égale entr'eux, & il ne l'obtint pas non plus; il supplia qu'on lui laissât le titre de César, & on le lui refusa; il demanda d'être Préfet du Prétoire, & on rejetta ses prieres; enfin il parla pour sa vie. L'Armée dans ses divers jugemens exerçoit la Magistrature suprême.

Les Barbares, au commencement inconnus aux Romains, ensuite seulement incommodes, leur étoient devenus redoutables. Par l'événement du monde le plus extraordinaire, Rome avoit si bien anéanti tous les Peuples, que lorsqu'elle fut vaincue elle-même, il sembla que la Terre en eût enfanté de nouveaux pour la détruire.

Les Princes des grands Etats ont ordinairement peu de pays voisins qui puissent être l'objet de leur ambition : s'il y en avoit eu de tels, ils auroient été enveloppés dans le cours de la conquête : Ils sont donc bornés par des mers, des montagnes & de vastes déserts que leur pauvreté fait mépriser.

Aussi les Romains laisserent-ils les Germains dans leurs forêts, & les Peuples du Nord dans leurs glaces : & il s'y conserva, ou même il s'y forma des Nations qui enfin les asservirent eux-mêmes.

Sous le Régne de GALLUS, un grand nombre de Nations, qui se rendirent ensuite plus célébres, ravagerent l'Europe ; & les Perses ayant envahi la Syrie, ne quitterent leurs conquêtes que pour conserver leur butin.

Ces essains de Barbares, qui sortirent autrefois du Nord, ne paroissent plus aujourd'hui. Les violences des Romains avoient fait retirer les Peuples du Midi au Nord : tandis que la force qui les contenoit subsista, ils y resterent ; quand elle fut affoiblie, ils se répandirent (1) de toutes parts. La même chose arriva quelques siécles après. Les conquêtes de Charlemagne & ses tyrannies avoient une seconde fois fait reculer les Peuples du Midi au Nord : si-tôt que cet Empire fut affoibli, ils se por-

(1) On voit à quoi se réduit la fameuse Question : *Pourquoi le Nord n'est plus si peuplé qu'autrefois ?*

terent une seconde fois du Nord au Midi. Et si aujourd'hui un Prince faisoit en Europe les mêmes ravages, les Nations repoussées dans le Nord, adossées aux limites de l'Univers, y tiendroient ferme jusqu'au moment qu'elles inonderoient & conquéreroient l'Europe une troisiéme fois.

L'affreux désordre qui étoit dans la succession à l'Empire étant venu à son comble, on vit paroître sur la fin du Régne de Valerien & pendant celui de Gallien son fils, trente prétendans divers, qui, s'étant la plupart entre-détruits, ayant eu un Régne très-court, furent nommés tyrans.

Valerien ayant été pris par les Perses, & Gallien son fils négligeant les affaires, les Barbares pénétrerent par tout ; l'Empire se trouva dans cet état où il fut environ un siécle après en Occident (1) ; & il auroit dès-lors été détruit, sans un concours heureux de circonstances qui le releverent.

Odenat, Prince de Palmyre, allié des Romains, chassa les Perses qui

(1) Cent cinquante ans après, sous Honorius, les Barbares l'envahirent.

avoient envahi presque toute l'Asie; la Ville de Rome fit une Armée de ses Citoyens qui écarta les Barbares qui venoient la piller; une Armée innombrable de Scythes, qui passoit la mer avec six mille vaisseaux, périt par les naufrages, la misere, la faim, & sa grandeur même; & GALLIEN ayant été tué, CLAUDE, AURELIEN, TACITE & PROBUS, quatre grands hommes, qui par un grand bonheur se succéderent, rétablirent l'Empire prêt à périr.

CHAPITRE XVII.

Changement dans l'Etat.

POUR prévenir les trahisons continuelles des Soldats, les Empereurs s'associerent des personnes en qui ils avoient confiance: & DIOCLETIEN, sous prétexte de la grandeur des affaires, régla qu'il y auroit toujours deux Empereurs & deux Césars. Il jugea que les quatre principales Armées étant occupées par ceux qui auroient part à l'Empire, elles s'intimideroient les unes les autres; que les autres Armées n'étant pas assez fortes pour entreprendre de faire leur Chef Empereur, elles perdroient peu à peu la coutume d'élire; & qu'enfin la dignité de César étant toûjours subordonnée, la puissance partagée entre quatre pour la sûreté du Gouvernement, ne seroit pourtant dans toute son étendue qu'entre les mains de deux.

Mais ce qui contint encore plus les gens de guerre, c'est que les richesses des particuliers & la fortune publique ayant diminué, les Empereurs ne purent plus leur faire des dons si considérables; de maniere que la récompense ne fut plus proportionnée au danger de faire une nouvelle élection.

D'ailleurs les Préfets du Prétoire, qui, pour le pouvoir & pour les fonctions, étoient à peu près comme les Grands-Visirs de ces temps-là, & faisoient à leur gré massacrer les Empereurs pour se mettre en leur place, furent fort abaissés par CONSTANTIN, qui ne leur laissa que les fonctions civiles, & en fit quatre au lieu de deux.

La vie des Empereurs commença donc à être plus assûrée; ils purent mourir dans leur lit, & cela sembla avoir un peu adouci leurs mœurs; ils ne verserent plus le sang avec tant de férocité. Mais comme il falloit que ce pouvoir immense débordât quelque part, on vit un autre genre de tyrannie, mais plus sourde : ce ne furent plus des massacres, mais des jugemens iniques, des formes de justice qui sembloient n'éloigner la mort que pour flétrir la vie; la Cour fut gouvernée & gouverna par plus d'artifices, par des arts plus exquis, avec un plus grand silence; enfin, au lieu de cette hardiesse à concevoir une mauvaise action, & de cette impétuosité à la commettre, on ne vit plus régner que les vices des ames foibles, & des crimes réfléchis.

Il s'établit un nouveau genre de corruption : Les premiers Empereurs aimoient les plaisirs, ceux-ci la mollesse : ils se montrerent moins aux gens de guerre; ils furent plus oisifs, plus livrés à leurs domestiques, plus attachés à leurs Palais, & plus séparés de l'Empire.

Le poison de la Cour (1) augmenta sa force, à mesure qu'il fut plus séparé : on ne dit rien, on insinua tout ; les grandes réputations furent toutes attaquées ; & les Ministres & les Officiers de guerre furent mis sans cesse à la discrétion de cette sorte de gens qui ne peuvent servir l'Etat, ni souffrir qu'on le serve avec gloire.

Enfin cette affabilité des premiers Empereurs, qui seule pouvoit leur donner le moyen de connoître leurs affaires, fut entiérement bannie ; le Prince ne sçut plus rien que sur le rapport de quelques confidens, qui, toujours de concert, souvent même lorsqu'ils sembloient être d'opinion contraire, ne faisoient auprès de lui que l'office d'un seul.

Le séjour de plusieurs Empereurs en Asie & leur perpétuelle rivalité avec les Rois de Perse, firent qu'ils voulurent être adorés comme eux ; & DIOCLETIEN, d'autres disent GALERE, l'ordonna par un Edit.

Ce faste & cette pompe Asiatique

(1) Voyez ce que les Auteurs nous disent de la Cour de Constantin, de Valens, &c.

s'établissant, les yeux s'y accoutumerent d'abord : & lorsque JULIEN voulut mettre de la simplicité & de la modestie dans ses manieres, on appella oubli de la dignité ce qui n'étoit que la mémoire des anciennes mœurs.

Quoique depuis MARC-AURELE il y eût eu plusieurs Empereurs, il n'y avoit eu qu'un Empire ; & l'autorité de tous étant reconnue dans les Provinces, c'étoit une puissance unique exercée par plusieurs.

Mais GALERE (1) & CONSTANCE-CHLORE n'ayant pu s'accorder, ils partagerent réellement l'Empire : & par cet exemple qui fut dans la suite suivi par CONSTANTIN, qui prit le plan de GALERE, & non pas celui de DIOCLETIEN, il s'introduisit une coutume qui fut moins un changement qu'une révolution.

De plus l'envie qu'eut CONSTANTIN de faire une Ville nouvelle, la vanité de lui donner son nom, le déterminerent à porter en Orient le Siége de l'Empire. Quoique l'enceinte de Rome ne fût pas à beaucoup près si gran-

(1) Voyez Oroze, l. 7. & Aurelius Victor.

208 GRANDEUR DES ROMAINS,

CHAP. XVII.

de qu'elle est à présent, les fauxbourgs en étoient prodigieusement étendus (1) : l'Italie pleine de maisons de plaisance, n'étoit proprement que le jardin de Rome : les Laboureurs étoient en Sicile, en Afrique (2), en Egypte; & les Jardiniers en Italie : les Terres n'étoient presque cultivées que par les Esclaves des Citoyens Romains. Mais lorsque le Siége de l'Empire fut établi en Orient, Rome presque entiere y passa ; les Grands y menerent leurs Esclaves, c'est-à-dire, presque tout le Peuple ; & l'Italie fut privée de ses habitans.

Pour que la nouvelle Ville ne cédât en rien à l'ancienne, CONSTANTIN voulut qu'on y distribuât aussi du bled, & ordonna que celui d'Egypte seroit envoyé à Constantinople, & celui de l'Afrique à Rome ; ce qui, me semble, n'étoit pas fort sensé.

(1) *Exspatientia tecta multas addidere Urbes*, dit Pline, *Hist. Nat. liv.* 3.
(2) On portoit autrefois d'Italie, *dit Tacite*, du bled dans les Provinces reculées, & elle n'est pas encore stérile ; mais nous cultivons plutôt l'Afrique & l'Egypte, & nous aimons mieux exposer aux accidens la vie du Peuple Romain. *Annal. l.* 12.

Dans

Dans le temps de la République, le Peuple Romain, souverain de tous les autres, devoit naturellement avoir part aux tributs ; cela fit que le Sénat lui vendit d'abord du bled à bas prix, & ensuite le lui donna pour rien. Lorsque le gouvernement fut devenu Monarchique, cela subsista contre les principes de la Monarchie ; on laissoit cet abus, à cause des inconvéniens qu'il y auroit eu à le changer. Mais Constantin fondant une Ville nouvelle, l'y établit sans aucune bonne raison.

Lorsqu'Auguste eut conquis l'Egypte, il apporta à Rome le trésor des Ptolomées ; cela y fit à peu près la même révolution que la decouverte des Indes a fait depuis en Europe, & que de certains systêmes ont fait de nos jours : les fonds (1) doublerent de prix à Rome ; & comme Rome continua d'attirer à elle les richesses d'Alexandrie qui recevoit elle-même celles de l'Afrique & de l'Orient, l'or & l'ar-

---

(1) Suétone, *in Augusto*. Orose, *liv. 6*. Rome avoit eu souvent de ces révolutions. J'ai dit que les trésors de Macédoine qu'on y apporta, avoient fait cesser tous les tribus. Ciceron, *des Offices, liv. 2*.

gent devinrent très-communs en Europe; ce qui mit les Peuples en état de payer des impôts très-considérables en espéces.

Mais lorsque l'Empire eut été divisé, ces richesses allerent à Constantinople. On sçait d'ailleurs que les Mines d'Angleterre n'étoient point encore (1) ouvertes; qu'il y en avoit très-peu en Italie (2) & dans les Gaules; que, depuis les Carthaginois, les mines d'Espagne (3) n'étoient guéres plus travaillées, ou du moins n'étoient plus si riches : l'Italie, qui n'avoit plus que des jardins abandonnés, ne pouvoit par aucun moyen attirer l'argent de l'Orient, pendant que l'Occident pour avoir de ses marchandises y envoyoit le sien. L'or & l'argent devinrent donc extrémement rares en Eu-

(1) Tacite, *de moribus Germanorum*, le dit formellement. On sçait d'ailleurs à peu près l'époque de l'ouverture de la plupart des Mines d'Allemagne. Voyez Thomas Sefreiberus sur l'origine des Mines du Harts. On croit celles de Saxe moins anciennes.
(2) Voyez Pline, *liv.* 37. *art.* 77.
(3) Les Carthaginois, dit *Diodore*, sçurent très-bien l'art d'en profiter, & les Romains celui d'empêcher que les autres n'en profitassent.

rope; mais les Empereurs y voulurent exiger les mêmes tributs; ce qui perdit tout.

Lorsque le Gouvernement a une forme depuis long-temps établie, & que les choses se sont mises dans une certaine situation, il est presque toujours de la prudence de les y laisser, parce que les raisons souvent compliquées & inconnues qui font qu'un pareil Etat a subsisté, font qu'il se maintiendra encore: mais quand on change le systême total, on ne peut remédier qu'aux inconvéniens qui se présentent dans la théorie, & on en laisse d'autres que la pratique seule peut faire découvrir.

Ainsi, quoique l'Empire ne fût déja que trop grand, la division qu'on en fit le ruina; parce que toutes les parties de ce grand Corps depuis long-temps ensemble s'étoient, pour ainsi dire, ajustées pour y rester, & dépendre les unes des autres.

CONSTANTIN (1), après avoir as-

___

(1) Dans ce qu'on dit de Constantin, on ne choque point les Auteurs Ecclésiastiques, qui déclarent qu'ils n'entendent parler que des ac-

foibli la Capitale, frapa un autre coup sur les Frontieres ; il ôta les Légions qui étoient sur le bord des grands fleuves, & les dispersa dans les Provinces : ce qui produisit deux maux ; l'un que la barriere qui contenoit tant de Nations, fut ôtée ; & l'autre que les (1) Soldats vécurent & s'amollirent dans le Cirque & dans les (2) Théâtres.

Lorsque Constantius envoya Julien dans les Gaules, il trouva que cinquante Villes le long du Rhin (3) avoient été prises par les Barbares; que les Provinces avoient été saccagées ; qu'il n'y avoit plus que l'ombre d'une Armée Romaine, que le seul nom des ennemis faisoit fuir.

Ce Prince, par sa (4) sagesse, sa con-

tions de ce Prince qui ont du rapport à la piété, & non de celles qui en ont au gouvernement de l'Etat. Eusebe, *Vie de Constantin, liv.* 1. c. 9. Socrate, *l.* 1. c. 1.

(1) Zozime, *l.* 8.

(2) Depuis l'établissement du Christianisme, les combats des Gladiateurs devinrent rares. Constantin défendit d'en donner : Ils furent entiérement abolis sous Honorius, comme il paroît par Theodoret & Othon de Frisingue. Les Romains ne retinrent de leurs anciens spectacles, que ce qui pouvoit affoiblir les courages & servoit d'attrait à la volupté.

(3) Ammien Marcellin, *l.* 16. 17. & 18.

(4) Ammien Marcellin. *ibid.*

stance, son œconomie, sa conduite, sa valeur, & une suite continuelle d'actions héroïques, rechassa les Barbares; & la terreur de son nom les contint (1) tant qu'il vécut.

La briéveté des Régnes, les divers partis politiques, les différentes Religions, les Sectes particulieres de ces Religions, ont fait que le caractere des Empereurs est venu à nous extrémement défiguré. Je n'en donnerai que deux exemples : Cet ALEXANDRE si lâche dans Hérodien, paroît plein de courage dans Lampridius : ce GRATIEN tant loué par les Orthodoxes, Philostorgue le compare à NERON.

VALENTINIEN sentit plus que personne la nécessité de l'ancien plan : il employa toute sa vie à fortifier les bords du Rhin, à y faire des levées, y bâtir des Châteaux, y placer des troupes, leur donner le moyen d'y subsister. Mais il arriva dans le monde un événement qui détermina VALENS son frere

___

(1) Voyez le magnifique éloge qu'Ammien Marcellin fait de ce Prince, *l.* 25. Voyez aussi les fragmens de l'Histoire de Jean d'Antioche.

à ouvrir le Danube, & eut d'effroyables suites.

Dans le pays qui est entre les Palus Méotides, les montagnes du Caucase, & la mer Caspienne, il y avoit plusieurs Peuples qui étoient la plupart de la Nation des Huns ou de celle des Alains; leurs terres étoient extrémement fertiles; ils aimoient la guerre & le brigandage; ils étoient presque toujours à cheval ou sur leurs chariots, & erroient dans le pays où ils étoient enfermés; ils faisoient bien quelques ravages sur les frontieres de Perse & d'Armenie, mais on gardoit aisément les portes Caspiennes, & ils pouvoient difficilement pénétrer dans la Perse par ailleurs. Comme ils (1) n'imaginoient point qu'il fût possible de traverser les Palus Méotides, ils ne connoissoient pas les Romains; & pendant que d'autres Barbares ravageoient l'Empire, ils restoient dans les limites que leur ignorance leur avoit données.

Quelques-uns ont dit (2) que le limon que le Tanaïs avoit apporté, avoit

(1) Procope, *Histoire mêlée.*
(2) Zosime, *l.* 4.

formé une espéce de croûte sur le Bos- CHAP.
phore Cimmérien, sur laquelle ils XVII.
avoient passé; d'autres (1), que deux
jeunes Scythes poursuivant une biche
qui traversa ce bras de mer, le traver-
serent aussi. Ils furent étonnés de voir
un nouveau monde; & retournant dans
l'ancien, ils apprirent à leurs compatriotes (2) les nouvelles terres, & si
j'ose me servir de ce terme, les Indes
qu'ils avoient découvertes.

D'abord des corps innombrables de
Huns passerent; & rencontrant les
Goths les premiers, ils les chasserent
devant eux. Il sembloit que ces Nations se précipitassent les unes sur les
autres; & que l'Asie, pour peser sur
l'Europe, eût acquis un nouveau poids.

Les Goths effrayés se présenterent sur
les bords du Danube, & les mains jointes demanderent une retraite. Les (3)
flateurs de VALENS saisirent cette occasion, & la lui représenterent comme
une conquête heureuse d'un nouveau

(1) Jornandes, *de rebus Geticis.* Hist. mêlée
de Procope.
(2) Voyez Sozomene, *l. 6.*
(3) Ammien Marcellin, *l. 29.*

Chap. XVII.

Peuple qui venoit défendre l'Empire, & l'enrichir.

Valens ordonna qu'ils passeroient sans armes (1); mais pour de l'argent ses Officiers leur en laisserent tant qu'ils voulurent. Il leur fit distribuer des terres; mais à la différence des Huns, les Goths (2) n'en cultivoient point: on les priva même du bled qu'on leur

(1) De ceux qui avoient reçu ces ordres, celui-ci conçut un amour infâme; celui-là fut épris de la beauté d'une femme barbare; les autres furent corrompus par des présens, des habits de lin & des couvertures brodées de franges: on n'eut d'autre soin que de remplir sa maison d'esclaves & ses fermes de bétail. *Hist. de Dexipe.*

(2) Voyez l'Histoire Gothique de Priscus, où cette différence est bien établie.

On demandera peut-être comment des Nations qui ne cultivoient point les terres, pouvoient devenir si puissantes, tandis que celles de l'Amérique sont si petites? C'est que les Peuples pasteurs ont une subsistance bien plus assûrée que les Peuples chasseurs.

Il paroît par Ammien Marcellin que les Huns, dans leur premiere demeure, ne labouroient point les champs; ils ne vivoient que de leurs troupeaux dans un pays abondant en pâturages & arrosé par quantité de fleuves, comme sont encore aujourd'hui les petits Tartares qui habitent une partie du même pays. Il y a apparence que ces Peuples, depuis leur départ, ayant habité des lieux moins propres à la nourriture des troupeaux, commencerent à cultiver les terres.

avoit

avoit promis; ils mouroient de faim, & ils étoient au milieu d'un pays riche; ils étoient armés, & on leur faisoit des injustices. Ils ravagerent tout depuis le Danube jusqu'au Bosphore, exterminerent VALENS & son armée, & ne repasserent le Danube que pour abandonner l'affreuse (1) solitude qu'ils avoient faite.

CHAPITRE XVIII.

Nouvelles Maximes prises par les Romains.

QUELQUEFOIS la lâcheté des Empereurs (2), souvent la foiblesse de l'Empire, firent que l'on chercha à appaiser par de l'argent les Peuples qui menaçoient d'envahir. Mais la paix ne peut point s'acheter, parce que celui qui l'a vendue, n'en

(1) Voyez Zozime, *liv.* 4. Voyez aussi Dexipe dans l'Extrait des Ambassades de Constantin Porphyrogenete.
(2) On donna d'abord tout aux Soldats; ensuite on donna tout aux Ennemis.

T

est que plus en état de la faire acheter encore.

Il vaut mieux courir le risque de faire une guerre malheureuse, que de donner de l'argent pour avoir la paix; car on respecte toujours un Prince, lorsqu'on sçait qu'on ne le vaincra qu'après une longue résistance.

D'ailleurs ces sortes de gratifications se changeoient en tributs; & libres au commencement, devenoient nécessaires : elles furent regardées comme des droits acquis; & lorsqu'un Empereur les refusa à quelques Peuples, ou voulut donner moins, ils devinrent de mortels ennemis. Entre mille exemples, l'Armée que JULIEN (1) mena contre les Perses fut poursuivie dans sa retraite par des Arabes à qui il avoit refusé le tribut accoutumé : & d'abord après, sous l'Empire de VALENTINIEN, les Allemans, à qui on avoit offert des présens moins considérables qu'à l'ordinaire, s'en indignerent; & ces Peuples du Nord, déja gouvernés par le point d'honneur, se vengerent de cette insulte prétendue par une cruelle guerre,

(1) Ammien Marcellin, *liv.* 25.

ET LEUR DÉCADENCE. 219

CHAP. XVIII.

Toutes ces (1) Nations qui entouroient l'Empire en Europe & en Asie, absorberent peu à peu les richesses des Romains ; & comme ils s'étoient aggrandis parce que l'or & l'argent de tous les Rois étoit porté chez eux (2), ils s'affoiblirent parce que leur or & leur argent fut porté chez les autres.

Les fautes que font les hommes d'Etat ne sont pas toujours libres ; souvent ce sont des suites nécessaires de la situation où l'on est ; & les inconvéniens ont fait naître les inconvéniens.

La Milice, comme on a déja vu, étoit devenue très à charge à l'Etat : les Soldats avoient trois sortes d'avantages, la paye ordinaire, la récompense après le service, & les libéralités

(1) Ammien Marcellin, l. 26.
(2) Vous voulez des richesses, *disoit un Empereur à son Armée qui murmuroit*, Voilà le pays des Perses, allons-en chercher : croyez-moi, de tant de trésors que possédoit la République Romaine, il ne reste plus rien ; & le mal vient de ceux qui ont appris aux Princes à acheter la paix des Barbares. Nos finances sont épuisées, nos Villes détruites, nos Provinces ruinées. Un Empereur qui ne connoît d'autres biens que ceux de l'âme, n'a pas honte d'avouer une pauvreté honnête. *Ammien Marcellin*, liv. 24.

d'accident, qui devenoient très-souvent des droits pour des gens qui avoient le Peuple & le Prince entre leurs mains.

L'impuiſſance où l'on ſe trouva de payer ces charges, fit que l'on prît une Milice moins chere. On fit des traités avec des Nations barbares, qui n'avoient ni le luxe des Soldats Romains, ni le même eſprit, ni les mêmes prétentions.

Il y avoit une autre commodité à cela : comme les Barbares tomboient tout à coup ſur un Pays, n'y ayant point chez eux de préparatifs après la réſolution de partir, il étoit difficile de faire des levées à temps dans les Provinces. On prenoit donc un autre corps de Barbares, toujours prêt à recevoir de l'argent, à piller & à ſe battre. On étoit ſervi pour le moment : mais dans la ſuite, on avoit autant de peine à réduire les Auxiliaires que les Ennemis.

Les premiers Romains ne mettoient point dans leurs Armées un plus grand nombre de troupes (1) auxiliaires que

(1) C'eſt une obſervation de Vegece; & il paroît par Tite-Live que ſi le nombre des

de Romaines; & quoique leurs Alliés CHAP. fuſſent proprement des ſujets, ils ne XVIII. vouloient point avoir pour ſujets des Peuples plus belliqueux qu'eux-mêmes.

Mais dans les derniers temps, non-ſeulement ils n'obſerverent pas cette proportion des troupes auxiliaires; mais même ils remplirent de Soldats barbares les corps de troupes nationales.

Ainſi ils établiſſoient des uſages tout contraires à ceux qui les avoient rendus maîtres de tout: & comme autrefois leur politique conſtante fut de ſe réſerver l'Art militaire, & d'en priver tous leurs voiſins, ils le détruiſoient pour lors chez eux, & l'établiſſoient chez les autres.

Voici en un mot l'Hiſtoire des Romains: Ils vainquirent tous les Peuples par leurs maximes: mais lorſqu'ils y furent parvenus, leur République ne put ſubſiſter; il fallut changer de gouvernement: & des maximes contraires aux premieres, employées dans ce gou-

auxiliaires excéda quelquefois, ce fut de bien peu.

Chap. XVIII.

vernement nouveau, firent tomber leur grandeur.

Ce n'est pas la fortune qui domine le monde : on peut le demander aux Romains, qui eurent une suite continuelle de prospérités quand ils se gouvernerent sur un certain plan, & une suite non interrompue de revers lorsqu'ils se conduisirent sur un autre. Il y a des causes générales, soit morales, soit physiques, qui agissent dans chaque Monarchie, l'élevent, la maintiennent, ou la précipitent ; tous les accidens sont soumis à ces causes ; & si le hazard d'une bataille, c'est-à-dire, une cause particuliere, a ruiné un Etat, il y avoit une cause générale qui faisoit que cet Etat devoit périr par une seule bataille : en un mot l'allure principale entraîne avec elle tous les accidens particuliers.

Nous voyons que, depuis près de deux siecles, les troupes de terre de Dannemark ont presque toujours été battues par celles de Suede : il faut qu'indépendamment du courage des deux Nations & du sort des armes, il y ait dans le gouvernement Danois militaire ou civil un vice intérieur qui ait produit cet effet ; & je ne le crois point difficile à découvrir.

Enfin les Romains perdirent leur Discipline militaire ; ils abandonnerent jusqu'à leurs propres armes. Vegece (1) dit que les Soldats les trouvant trop pesantes, ils obtinrent de l'Empereur GRATIEN de quitter leur cuirasse & ensuite leur casque ; de façon qu'exposés aux coups sans défense, ils ne songerent plus qu'à fuir.

Il ajoute qu'ils avoient perdu la coutume de fortifier leur Camp ; & que, par cette négligence, leurs Armées furent enlevées par la Cavalerie des Barbares.

La Cavalerie fut peu nombreuse chez les premiers Romains; elle ne faisoit que la onziéme partie de la Légion, & très-souvent moins ; & ce qu'il y a d'extraordinaire, ils en avoient beaucoup moins que nous qui avons tant de siéges à faire où la Cavalerie est peu utile. Quand les Romains furent dans la décadence, ils n'eurent presque plus que de la Cavalerie. Il me semble que

(1) *De Re militari*, l. 1. c. 20.

plus une Nation se rend sçavante dans l'Art militaire, plus elle agit par son Infanterie ; & que, moins elle le connoît, plus elle multiplie sa Cavalerie : c'est que, sans la Discipline, l'Infanterie pesante ou légere n'est rien ; au lieu que la Cavalerie va toujours dans son désordre (1) même. L'action de celle-ci consiste plus dans son impétuosité & un certain choc ; celle de l'autre dans sa résistance & une certaine immobilité ; c'est plutôt une réaction qu'une action : Enfin la force de la Cavalerie est momentanée ; l'Infanterie agit plus long-temps, mais il faut de la Discipline pour qu'elle puisse agir long-temps.

Les Romains parvinrent à commander à tous les Peuples, non-seulement par l'art de la guerre, mais aussi par leur prudence, leur sagesse, leur constance, leur amour pour la gloire & pour la Patrie. Lorsque sous les Empereurs toutes ces vertus s'évanouirent, l'Art militaire leur resta, avec

---

(1) La Cavalerie Tartare, sans observer aucune de nos maximes militaires, a fait dans tous les temps de grandes choses. Voyez les Relations, & surtout celles de la derniere conquête de la Chine.

lequel, malgré la foiblesse de la tyrannie de leurs Princes, ils conserverent ce qu'ils avoient acquis : mais lorsque la corruption se mit dans la Milice même, ils devinrent la proie de tous les Peuples.

Un Empire fondé par les armes a besoin de se soutenir par les armes. Mais comme, lorsqu'un Etat est dans le trouble, on n'imagine pas comment il peut en sortir ; de même, lorsqu'il est en paix, & qu'on respecte sa puissance, il ne vient point dans l'esprit comment cela peut changer : il néglige donc la Milice dont il croit n'avoir rien à espérer & tout à craindre, & souvent même il cherche à l'affoiblir.

C'étoit une régle inviolable des premiers Romains, que quiconque avoit abandonné son poste, ou laissé ses armes dans le combat, étoit puni de mort. JULIEN & VALENTINIEN avoient à cet égard établi les anciennes peines. Mais les Barbares pris à la solde des Romains (1), accoutumés à faire la

(1) Ils ne vouloient pas s'assujettir aux travaux des Soldats Romains. Voyez Ammien Marcellin, *l*. 18. qui dit, comme une chose ex-

guerre comme la font aujourd'hui les Tartares, à fuir pour combattre encore, à chercher le pillage plus que l'honneur, étoient incapables d'une pareille discipline.

Telle étoit la discipline des premiers Romains, qu'on y avoit vu des Généraux condamner à mourir leurs enfans pour avoir sans leur ordre gagné la victoire : mais quand ils furent mêlés parmi les Barbares, ils y contractèrent un esprit d'indépendance qui faisoit le caractere de ces Nations : & si l'on lit les guerres de Belisaire contre les Goths, on verra un Général presque toujours désobéi par ses Officiers.

SYLLA & SERTORIUS dans la fureur des guerres civiles aimoient mieux périr que de faire quelque chose dont MITHRIDATE pût tirer avantage; mais dans les temps qui suivirent, dès qu'un Ministre (1) ou quelque Grand crut

---

traordinaire, qu'ils s'y soumirent en une occasion, pour plaire à Julien qui vouloit mettre des Places en état de défense.

(1) Cela n'étoit pas étonnant dans ce mélange avec des Nations qui avoient été errantes, qui ne connoissoient point de Patrie, & où souvent des Corps entiers de troupes se joi-

ET LEUR DÉCADENCE. 227
qu'il importoit à son avarice, à sa ven- CHAP.
geance, à son ambition, de faire en- XVIII.
trer les Barbares dans l'Empire, il le
leur donna d'abord à ravager.

Il n'y a point d'Etat où l'on ait plus
besoin de tributs que dans ceux qui
s'affoiblissent; de sorte que l'on est obligé d'augmenter les charges, à mesure
que l'on est moins en état de les porter:
bien-tôt dans les Provinces Romaines,
les tributs devinrent intolérables.

Il faut lire dans (1) Salvien les horribles exactions que l'on faisoit sur les
Peuples. Les Citoyens poursuivis par
les traitans, n'avoient d'autre ressource
que de se réfugier chez les Barbares,
ou de donner leur liberté au premier
qui la vouloit prendre.

Ceci servira à expliquer dans notre
Histoire Françoise cette patience avec
laquelle les Gaulois souffrirent la révolution qui devoit établir cette différen-

gnoient à l'Ennemi qui les avoit vaincus contre leur Nation même. Voyez dans Procope ce
que c'étoit que les Goths sous Vitigès.
 (1) Voyez tout le 5 livre *De Gubernatione
Dei.* Voyez aussi dans l'Ambassade écrite par
Priscus, le discours d'un Romain établi parmi
les Huns, sur la félicité dans ce pays-là.

ce accablante, entre une Nation noble & une Nation roturiere. Les Barbares, en rendant tant de Citoyens esclaves de la Glebe, c'est-à-dire, du champ auquel ils étoient attachés, n'introduisirent guéres rien qui n'eût été plus cruellement exercé (1) avant eux.

CHAPITRE XIX.

1. Grandeur d'Attilla. 2. Cause de l'Etablissement des Barbares. 3. Raisons pourquoi l'Empire d'Occident fut le premier abattu.

COMME dans le temps que l'Empire s'affoiblissoit, la Religion Chrétienne s'établissoit, les Chrétiens reprochoient aux Païens cette décadence, & ceux-ci en demandoient compte à la Religion Chrétienne. Les Chrétiens (2) disoient que Diocle-

---

(1) Voyez encore Salvien, *liv.* 5. & les loix du Code & du Digeste là-dessus.
(2) Lactance, *de la mort des Persécuteurs.*

TIEN avoit perdu l'Empire en s'associant trois Collégues, parce que chaque Empereur vouloit faire d'aussi grandes dépenses, & entretenir d'aussi fortes armées que s'il avoit été seul; que par-là le nombre de ceux qui recevoient n'étant pas proportionné au nombre de ceux qui donnoient, les charges devinrent si grandes, que les Terres furent abandonnées par les Laboureurs, & se changerent en forêts. Les Païens, au contraire, ne cessoient de crier contre un culte nouveau inouï jusqu'alors; & comme autrefois dans Rome fleurissante on attribuoit les débordemens du Tybre & les autres effets de la nature à la colere des Dieux, de même dans Rome mourante on imputoit les malheurs à un nouveau culte & au renversement des anciens Autels.

Ce fut le Préfet Symmaque, qui, dans une lettre écrite (1) aux Empereurs au sujet de l'Autel de la Victoire, fit le plus valoir contre la Religion Chrétienne des raisons populaires & par conséquent très-capables de séduire.

(1) Lettres de Symmaque, livre 10. L. 54.

» Quelle chose peut mieux nous
» conduire à la connoissance des Dieux,
» disoit-il, que l'expérience de nos
» prospérités passées ? Nous devons
» être fidéles à tant de siécles, & sui-
» vre nos peres qui ont suivi si heureu-
» sement les leurs. Pensez que Rome
» vous parle & vous dit : Grands Prin-
» ces, Peres de la Patrie, respectez
» mes années pendant lesquelles j'ai
» toujours observé les cérémonies de
» mes ancêtres : ce culte a soumis l'U-
» nivers à mes loix : c'est par-là qu'An-
» nibal a été repoussé de mes murail-
» les, & que les Gaulois l'ont été du
» Capitole. C'est pour les Dieux de la
» Patrie que nous demandons la paix,
» nous la demandons pour les Dieux
» Indigetes : nous n'entrons point dans
» des disputes qui ne conviennent qu'à
» des gens oisifs, & nous voulons of-
» frir des prieres & non pas des com-
» bats.

Trois Auteurs célébres répondirent à Symmaque. Orose composa son histoire, pour prouver qu'il y avoit toujours eu dans le monde d'aussi grands malheurs que ceux dont se plaignoient les Païens. Salvien fit son livre (1) où il soutint que c'étoient les déréglemens des Chrétiens qui avoient attiré les ravages des Barbares : & saint (2) Augustin fit voir que la Cité du Ciel étoit différente de cette Cité de la terre, où les anciens Romains, pour quelques vertus humaines, avoient reçu des récompenses aussi vaines que ces vertus.

Nous avons dit que dans les premiers temps la politique des Romains fut de diviser toutes les Puissances qui leur faisoient ombrage ; dans la suite ils n'y purent réussir. Il fallut souffrir qu'ATTILA soumît toutes les Nations du Nord : il s'étendit depuis le Danube jusqu'au Rhin, détruisit tous les forts & tous les ouvrages qu'on avoit faits sur ces fleuves, & rendit les deux Empires tributaires.

THEODOSE, disoit-il (3) insolemment, est fils d'un pere très-noble aussi-bien que moi ; mais en me

(1) *Du Gouvernement de Dieu.*
(2) *De la Cité de Dieu.*
(3) Histoire Gothique & relation de l'Ambassade écrite par Priscus. C'étoit Theodose le jeune.

» payant le tribut, il est déchu de sa
» noblesse, & est devenu mon esclave :
» il n'est pas juste qu'il dresse des em-
» bûches à son Maître, comme un
» esclave méchant.

» Il ne convient pas à l'Empereur,
» disoit-il dans une autre occasion,
» d'être menteur : Il a promis à un de
» mes sujets de lui donner en mariage
» la fille de Saturnilus ; s'il ne veut pas
» tenir sa parole, je lui déclare la guer-
» re ; s'il ne le peut pas & qu'il soit
» dans cet état qu'on ose lui désobéir,
» je marche à son secours.

Il ne faut pas croire que ce fut par modération qu'ATTILA laissa subsister les Romains : il suivoit les mœurs de sa Nation, qui le portoient à soumettre les Peuples, & non pas à les conquérir. Ce Prince dans sa maison de bois où nous le représente Priscus (1), maître de toutes les Nations Barbares, & en (2) quelque façon de presque

---

(1) Hist. Gothique : *Hæ sedes Regis Barbariem totam tenentis, hæc captis Civitatibus habitacula præponebat.* Jornandes de Reb. Geticis.

(2) Il paroît par la relation de Priscus, qu'on pensoit à la Cour d'Attila à soumettre encore les Perses.

toutes celles qui étoient policées, étoit un des grands Monarques dont l'Histoire ait jamais parlé.

On voyoit à sa Cour les Ambassadeurs des Romains d'Orient, & de ceux d'Occident, qui venoient recevoir ses loix ou implorer sa clémence : Tantôt il demandoit qu'on lui rendît les Huns transfuges, ou les esclaves Romains qui s'étoient évadés ; tantôt il vouloit qu'on lui livrât quelque Ministre de l'Empereur : Il avoit mis sur l'Empire d'Orient un tribut de deux mille cent livres d'or ; il recevoit les appointemens de Général des Armées Romaines : il envoyoit à Constantinople ceux qu'il vouloit récompenser, afin qu'on les comblât de biens, faisant un trafic continuel de la frayeur des Romains.

Il (1) étoit craint de ses sujets, & il ne paroît pas qu'il en fût haï. Prodigieusement fier, & cependant rusé; ardent dans sa colere, mais sçachant pardonner ou différer la punition suivant

---

(1) Il faut consulter, sur le caractere de ce Prince & les mœurs de sa Cour, *Jornandes & Priscus*.

qu'il convenoit à ses intérêts ; ne faisant jamais la guerre quand la paix pouvoit lui donner assez d'avantages ; fidélement servi des Rois même qui étoient sous sa dépendance, il avoit gardé pour lui seul l'ancienne simplicité des mœurs des Huns : du reste on ne peut guéres louer sur la bravoure le chef d'une Nation où les enfans entroient en fureur au récit des beaux faits d'armes de leurs peres, & où les peres versoient des larmes parce qu'ils ne pouvoient pas imiter leurs enfans.

Après sa mort toutes les Nations barbares se rediviserent ; mais les Romains étoient si foibles, qu'il n'y avoit pas de si petit Peuple qui ne pût leur nuire.

Ce ne fut pas une certaine invasion qui perdit l'Empire, ce furent toutes les invasions. Depuis celle qui fut si générale sous GALLUS, il sembla rétabli, parce qu'il n'avoit point perdu de terrein ; mais il alla de dégrés en dégrés, de la décadence à sa chûte, jusqu'à ce qu'il s'affaissa tout à coup sous ARCADIUS & HONORIUS.

En vain on avoit rechassé les Barbares dans leur pays ; ils y feroient tout de même rentrés pour mettre en sûreté leur butin : En vain on les extermina ; les (1) Villes n'étoient pas moins faccagées, les Villages brûlés, les familles tuées ou difperfées.

Lorfqu'une Province avoit été ravagée, les Barbares qui fuccédoient n'y trouvant plus rien, devoient paffer à une autre. On ne ravagea au commencement que la Thrace, la Mifie, la Pannonie ; quand ces pays furent dévaftés, on ruina la Macédoine, la Theffalie, la Gréce ; de-là il fallut aller aux Noriques : L'Empire, c'eft-à-dire, le pays habité, fe rétréciffoit toujours, & l'Italie devenoit frontiere.

La raifon pourquoi il ne fe fit point fous GALLUS & GALLIEN d'établiffement de Barbares, c'eft qu'ils trouvoient encore de quoi piller.

Ainfi lorfque les Normands, images des Conquérans de l'Empire, eu-

___
(1) C'étoit une Nation bien deftructive que celle des Goths : ils avoient détruit tous les Laboureurs dans la Thrace, & coupé les mains à tous ceux qui menoient les chariots. *Hift. Byzant.* de *Malchus*, dans l'extrait des Ambaffades.

rent pendant plusieurs siécles ravagé la France, ne trouvant plus rien à prendre, ils accepterent une Province qui étoit entiérement déserte (1), & se la partagerent.

La Scythie dans ces temps-là étant presque (2) toute inculte, les Peuples y étoient sujets à des famines fréquentes; ils subsistoient en partie par un commerce avec les (3) Romains, qui leur portoient des vivres des Provinces voisines du Danube. Les Barbares donnoient en retour les choses qu'ils avoient pillées, les prisonniers qu'ils avoient faits, l'or & l'argent qu'ils recevoient pour la paix. Mais (4) lors-

(1) Voyez dans les Chroniques recueillies par André du Chesne, l'état de cette Province, vers la fin du neuviéme & le commencement du dixiéme siécle. *Script. Normann. Hist. veteres.*

(2) Les Goths, comme nous avons dit, ne cultivoient point la terre.
Les Vandales les appelloient *Trulles*, du nom d'une petite mesure, parce que dans une famine, ils leur vendirent fort cher une pareille mesure de bled. Olympiodore, dans la *Bibliotheque de Photien*, L. XXX.

(3) On voit dans l'histoire de Priscus, qu'il y avoit des marchés établis par les Traités sur les bords du Danube.

(4) Quand les Goths envoyerent prier Zenon de recevoir dans son alliance Theuderic,

qu'on ne put plus leur payer des tributs aſſez forts pour les faire ſubſiſter, ils furent forcés de s'établir.

L'Empire d'Occident fut le premier abattu : en voici les raiſons.

Les Barbares ayant paſſé le Danube, trouvoient à leur gauche le Boſphore, Conſtantinople, & toutes les forces de l'Empire d'Orient qui les arrêtoient: cela faiſoit qu'ils ſe tournoient à main droite du côté de l'Illyrie, & ſe pouſſoient vers l'Occident. Il ſe fit un reflux de Nations & un tranſport de Peuples de ce côté-là. Les paſſages de l'Aſie étant mieux gardés, tout refouloit vers l'Europe ; au lieu que, dans la premiere invaſion ſous GALLUS, les forces des Barbares ſe partagerent.

L'Empire ayant été réellement diviſé, les Empereurs d'Orient, qui avoient des alliances avec les Barba-

---

fils de Triarius, aux conditions qu'il avoit accordées à Theuderic, fils de Balamer, le Sénat conſulté répondit que les revenus de l'Etat n'étoient pas ſuffiſans pour nourrir deux Peuples Goths, & qu'il falloit choiſir de l'amitié de l'un des deux. *Hiſt. de Malchus*, dans l'extrait des Ambaſſades.

res, ne voulurent pas les rompre pour secourir ceux d'Occident. Cette division dans l'administration, dit Priscus (1), fut très-préjudiciable aux affaires d'Occident. Ainsi les Romains d'Orient (2) refuserent-ils à ceux d'Occident une Armée Navale, à cause de leur Alliance avec les Vandales. Les Visigoths ayant fait alliance avec ARCADIUS, entrerent en Occident, & HONORIUS (3) fut obligé de s'enfuir à Ravenne. Enfin ZENON, pour se défaire de THEODORIC, le persuada d'aller attaquer l'Italie qu'ALARIC avoit déja ravagée.

Il y avoit une Alliance (4) très-étroite entre ATTILA & GENSERIC, Roi des Vandales. Ce dernier craignoit les Goths (5); il avoit marié son fils avec la fille du Roi des Goths; & lui ayant ensuite fait couper le nez, il l'avoit renvoyée : il s'unit donc avec ATTILA. Les deux Empires, comme enchaînés par ces deux Princes, n'osoient

(1) *Liv.* 2.
(2) Priscus, *liv.* 2.
(3) Procope, *guerre des Vandales.*
(4) Priscus, *l.* 2.
(5) Voyez Jornandès, *de Reb. Get.* chap. 36.

se secourir. La situation de celui d'Occident fût surtout déplorable : il n'avoit point de forces de mer ; elles étoient toutes en Orient (1), en Egypte, Chypre, Phénicie, Ionie, Gréce, seuls pays où il y eut alors quelque commerce. Les Vandales & d'autres Peuples attaquoient par tout les côtes d'Occident : il vint une Ambassade (2) des Italiens à Constantinople, dit Priscus, pour faire sçavoir qu'il étoit impossible que les affaires se soutinssent sans une réconciliation avec les Vandales.

Ceux qui gouvernoient en Occident, ne manquerent pas de politique : ils jugerent qu'il falloit sauver l'Italie, qui étoit en quelque façon la tête & en quelque façon le cœur de l'Empire. On fit passer les Barbares aux extrémités, & on les y plaça. Le dessein étoit bien conçu, il fut bien exécuté. Ces Nations ne demandoient que la subsistance : on leur donnoit les plaines ; on se réservoit les pays monta-

---

(1) Cela parut surtout dans la guerre de Constantin & de Licinius.
(2) Priscus, l. 2.

gneux, les passages des rivieres, les défilés, les places sur les grands fleuves ; on gardoit la Souveraineté. Il y a apparence que ces Peuples auroient été forcés de devenir Romains ; & la facilité avec laquelle ces Destructeurs furent eux-mêmes détruits par les Francs, par les Grecs, par les Maures, justifie assez cette pensée. Tout ce système fut renversé par une révolution plus fatale que toutes les autres : L'Armée d'Italie composée d'Etrangers exigea ce qu'on avoit accordé à des Nations plus étrangeres encore : elle forma sous ODOACER une Aristocratie qui se donna le tiers des terres de l'Italie ; & ce fut le coup mortel porté à cet Empire.

Parmi tant de malheurs, on cherche avec une curiosité triste le destin de la Ville de Rome : elle étoit, pour ainsi dire, sans défense ; elle pouvoit être aisément affamée ; l'étendue de ses murailles faisoit qu'il étoit très-difficile de les garder ; comme elle étoit située dans une plaine, on pouvoit aisément la forcer ; il n'y avoit point de ressource dans le Peuple, qui en étoit

extrémement

extrêmement diminué. Les Empereurs furent obligés de se retirer à Ravenne, Ville autrefois défendue par la mer, comme Venise l'est aujourd'hui.

Le Peuple Romain, presque toujours abandonné de ses Souverains, commença à le devenir, & à faire des Traités (1) pour sa conservation ; ce qui est le moyen le plus légitime d'acquérir la souveraine puissance : c'est ainsi que l'Armorique & la Bretagne (2) commencerent à vivre sous leurs propres loix.

Telle fut la fin de l'Empire d'Occident. Rome s'étoit aggrandie, parce qu'elle n'avoit eu que des guerres successives ; chaque Nation, par un bonheur inconcevable, ne l'attaquant que quand l'autre avoit été ruinée. Rome fut détruite, parce que toutes les Nations l'attaquerent à la fois, & pénétrerent par tout.

(1) Du temps d'Honorius, Alaric qui assiégeoit Rome, obligea cette Ville à prendre son Alliance même contre l'Empereur, qui ne put s'y opposer. Procope, *guerre des Goths, liv.* 1. Voyez Zozime, *l.* 6.
(2) Zozime, *l.* 6.

X

CHAPITRE XX.

1. *Des Conquêtes de Justinien.*
2. *De son Gouvernement.*

Comme tous ces Peuples entroient pêle-mêle dans l'Empire, ils s'incommodoient réciproquement : & toute la politique de ces temps-là fut de les armer les uns contre les autres ; ce qui étoit aisé, à cause de leur férocité & de leur avarice. Ils s'entredétruisirent pour la plupart avant d'avoir pu s'établir, & cela fit que l'Empire d'Orient subsista encore du temps.

D'ailleurs le Nord s'épuisa lui-même, & l'on n'en vit plus sortir ces armées innombrables qui parurent d'abord : car après les premieres invasions des Goths & des Huns, sur-tout depuis la mort d'Attila, ceux-ci & les Peuples qui les suivirent, attaquerent avec moins de forces.

Lorsque ces Nations qui s'étoient assemblées en corps d'Armée se furent

ET LEUR DÉCADENCE. 243
dispersées en Peuples, elles s'affoibli- CHAP.
rent beaucoup : répandues dans les di- XX.
vers lieux de leurs conquêtes, elles furent elles-mêmes exposées aux invasions.

Ce fut dans ces circonstances que JUSTINIEN entreprit de reconquérir l'Afrique & l'Italie, & fit ce que nos François exécuterent aussi heureusement contre les Visigoths, les Bourguignons, les Lombards & les Sarrasins.

Lorsque la Religion Chrétienne fut apportée aux Barbares, la Secte Arienne étoit en quelque façon dominante dans l'Empire. VALENS leur envoya des Prêtres Ariens, qui furent leurs premiers Apôtres. Or dans l'intervalle qu'il y eut entre leur conversion & leur établissement, cette Secte fut en quelque façon détruite chez les Romains: Les Barbares Ariens ayant trouvé tout le Pays orthodoxe, n'en purent jamais gagner l'affection, & il fut facile aux Empereurs de les troubler.

D'ailleurs ces Barbares, dont l'art & le génie n'étoient guéres d'attaquer les Villes, & encore moins de les dé-

X 2

fendre, en laisserent tomber les murailles en ruine. Procope nous apprend que Belisaire trouva celles d'Italie en cet état : Celles d'Afrique avoient été démantelées par Genseric (1), comme celles d'Espagne (2) le furent dans la suite par Vitisa, dans l'idée de s'assûrer de ses habitans.

La plupart de ces Peuples du Nord établis dans les Pays du Midi, en prirent d'abord la mollesse, & devinrent incapables des fatigues de la guerre (3) : les Vandales languissoient dans la volupté ; une table délicate, des habits efféminés, des bains, la musique, la danse, les jardins, les théâtres leur étoient devenus nécessaires.

Ils ne (4) donnoient plus d'inquiétude aux Romains, dit (5) Malchus, depuis qu'ils avoient cessé d'entretenir les Armées que Genseric tenoit toujours prêtes, avec lesquelles il prévenoit ses ennemis & étonnoit tout le

(1) Procope, *Guerre des Vandales*, l. 1.
(2) Mariana, *Hist. d'Esp.* liv. 6. ch. 19.
(3) Procope, *Guerre des Vandales*, l. 2.
(4) Du temps d'Honoric.
(5) *Hist. Bizant.* dans l'extrait des Ambassades.

monde par la facilité de ses entreprises.

La Cavalerie des Romains étoit très-exercée à tirer de l'arc ; mais celle des Goths & des Vandales (1) ne se servoit que de l'épée & de la lance, & ne pouvoit combattre de loin : c'est à cette différence que BELISAIRE attribuoit une partie de ses succès.

Les Romains (surtout sous JUSTINIEN) tirerent de grands services des Huns, Peuples dont étoient sortis les Parthes, & qui combattoient comme eux. Depuis qu'ils eurent perdu leur puissance par la défaite d'ATTILA & les divisions que le grand nombre de ses enfans fit naître, ils servirent les Romains en qualité d'Auxiliaires, & ils formerent leur meilleure Cavalerie.

Toutes ces Nations Barbares (2) se distinguoient chacune par leur maniere particuliere de combattre & de

---

(1) Voyez Procope, *guerre des Vandales*, l. 1. & le même Auteur, *guerre des Goths*, l. 1. Les Archers Goths étoient à pied, ils étoient peu instruits.

(2) Un passage remarquable de Jornandès nous donne toutes ces différences : c'est à l'occasion de la bataille que les Gépides donnerent aux enfans d'Attila.

s'armer. Les Goths & les Vandales étoient redoutables l'épée à la main ; les Huns étoient des Archers admirables ; les Suéves de bons hommes d'Infanterie ; les Alains étoient pesamment armés ; & les Hérules étoient une troupe légere. Les Romains prenoient dans toutes ces Nations les divers corps de troupes qui convenoient à leurs desseins, & combattoient contre une seule avec les avantages de toutes les autres.

Il est singulier que les Nations les plus foibles aient été celles qui firent de plus grands établissemens ; on se tromperoit beaucoup, si l'on jugeoit de leurs forces par leurs conquêtes. Dans cette longue suite d'incursions, les Peuples Barbares, ou plutôt les essains sortis d'eux, détruisoient ou étoient détruits ; tout dépendoit des circonstances : & pendant qu'une grande Nation étoit combattue ou arrêtée, une troupe d'aventuriers qui trouvoient un pays ouvert, y faisoient des ravages effroyables. Les Goths, que le désavantage de leurs armes fit fuir devant tant de Nations, s'établirent en Italie, en Gaule & en Espagne : les Vandales quittant l'Espagne par foibleſſe, paſſerent en Afrique, où ils fonderent un grand Empire.

Justinien ne put équiper contre les Vandales que cinquante vaiſſeaux ; & quand Belisaire débarqua, il n'avoit que cinq (1) mille Soldats. C'étoit une entrepriſe bien hardie : & Leon, qui avoit autrefois envoyé contre eux une flotte compoſée de tous les vaiſſeaux de l'Orient ſur laquelle il avoit cent mille hommes, n'avoit pas conquis l'Afrique, & avoit penſé perdre l'Empire.

Ces grandes flottes, non plus que les grandes Armées de terre, n'ont guéres jamais réuſſi : Comme elles épuiſent un Etat, ſi l'expédition eſt longue, ou que quelque malheur leur arrive, elles ne peuvent être ſecourues, ni réparées ; ſi une partie ſe perd, ce qui reſte n'eſt rien, parce que les vaiſſeaux de guerre, ceux de tranſport, la Cavalerie, l'Infanterie, les munitions, enfin les diverſes parties dépendent du tout enſemble. La lenteur de l'entre-

(1) Procope, Guerre des Goths, l. 1.

prise fait qu'on trouve toujours des Ennemis préparés : outre qu'il est rare que l'expédition se fasse jamais dans une saison commode ; on tombe dans le temps des orages, tant de choses n'étant presque jamais prêtes que quelques mois plus tard qu'on ne se l'étoit promis.

Belisaire envahit l'Afrique ; & ce qui lui servit beaucoup, c'est qu'il tira de Sicile une grande quantité de provisions, en conséquence d'un traité fait avec Amalasonte, Reine des Goths. Lorsqu'il fut envoyé pour attaquer l'Italie, voyant que les Goths tiroient leur subsistance de la Sicile, il commença par la conquérir ; il affama ses Ennemis, & se trouva dans l'abondance de toutes choses.

Belisaire prit Carthage, Rome & Ravenne, & envoya les Rois des Goths & des Vandales captifs à Constantinople, où l'on vit après tant de temps les (1) anciens triomphes renouvellés.

On peut trouver dans les qualités de ce grand homme (2) les principales

(1) Justinien ne lui accorda que le triomphe de l'Afrique.
(2) Voyez Suidas à l'article Belisaire.

causes de ses succès. Avec un Général qui avoit toutes les maximes des premiers Romains, il se forma une Armée telle que les anciennes Armées Romaines.

Les grandes vertus se cachent ou se perdent ordinairement dans la servitude ; mais le gouvernement tyrannique de Justinien ne put opprimer la grandeur de cette ame ni la supériorité de ce génie.

L'Eunuque Narsés fut encore donné à ce Régne pour le rendre illustre. Elevé dans le Palais, il avoit plus, la confiance de l'Empereur ; car les Princes regardent toujours leurs Courtisans comme leurs plus fidéles sujets.

Mais la mauvaise conduite de Justinien, ses profusions, ses vexations, ses rapines, sa fureur de bâtir, de changer, de réformer, son inconstance dans ses desseins, un régne dur & foible, devenu plus incommode par une longue vieillesse, furent des malheurs réels, mêlés à des succès inutiles & une gloire vaine.

Ces conquêtes, qui avoient pour cause non la force de l'Empire, mais de certaines circonstances particulieres, perdirent tout : pendant qu'on y occupoit les Armées, de nouveaux Peuples passèrent le Danube, désolerent l'Illyrie, la Macédoine & la Gréce ; & les Perses, dans quatre invasions, firent à l'Orient des plaies incurables (1).

Plus ces conquêtes furent rapides, moins elles eurent un établissement solide : l'Italie & l'Afrique furent à peine conquises, qu'il fallut les reconquérir.

JUSTINIEN avoit pris sur le Théâtre (2) une femme qui s'y étoit long-temps prostituée ; elle le gouverna avec un empire qui n'a point d'exemple dans les Histoires ; & mettant sans cesse dans les affaires les passions & les fantaisies de son sexe, elle corrompit les victoires, & les succès les plus heureux.

En Orient, on a de tout temps multiplié l'usage des femmes, pour leur

(1) Les deux Empires se ravagerent d'autant plus, qu'on n'espéroit pas conserver ce qu'on avoit conquis.
(2) L'Impératrice Théodora.

ôter l'ascendant prodigieux qu'elles ont sur nous dans ces climats ; mais à Constantinople la loi d'une seule femme donna à ce sexe l'Empire ; ce qui mit quelquefois de la foiblesse dans le gouvernement.

Le Peuple de Constantinople étoit de tout temps divisé en deux factions, celle des Bleus, & celle des Verds : elles tiroient leur origine de l'affection que l'on prend dans les Théâtres pour de certains Acteurs plutôt que pour d'autres; dans les Jeux du Cirque, les chariots dont les cochers étoient habillés de verd, disputoient le prix à ceux qui étoient habillés de bleu, & chacun y prenoit intérêt jusqu'à la fureur.

Ces deux factions répandues dans toutes les Villes de l'Empire, étoient plus ou moins furieuses, à proportion de la grandeur des Villes, c'est-à-dire, de l'oisiveté d'une grande partie du Peuple.

Mais les divisions toujours nécessaires dans un gouvernement Républicain pour le maintenir, ne pouvoient être que fatales à celui des Empereurs, parce qu'elles ne produisoient que le changement du Souverain, & non le rétablissement des Loix & la cessation des abus.

Justinien qui (1) favorisa les Bleus & refusa toute justice aux Verds, aigrit les deux factions, & par conséquent les fortifia.

Elles allerent jusqu'à anéantir l'autorité des Magistrats : les Bleus ne craignoient point les Loix, parce que l'Empereur les protégeoit contre elles; les Verds (2) cesserent de les respecter, parce qu'elles ne pouvoient plus les défendre.

Tous les liens d'amitié, de parenté, de devoir, de reconnoissance, furent ôtés : les familles s'entredétruisirent : tout scélérat qui voulut faire un crime fut de la faction des Bleus; tout homme qui fut volé ou assassiné fut de celle des Verds.

Un gouvernement si peu sensé étoit

(1) Cette maladie étoit ancienne. Suétonne dit que Caligula, attaché à la faction des Verds, haïssoit le Peuple, parce qu'il applaudissoit à l'autre.

(2) Pour prendre une idée de l'esprit de ces temps-là, il faut voir Theophanès qui rapporte une longue conversation qu'il y eut au Théâtre entre les Verds & l'Empereur.

encore plus cruel : l'Empereur, non content de faire à ses Sujets une injustice générale en les accablant d'impôts excessifs, les désoloit par toutes sortes de tyrannies dans leurs affaires particulieres.

Je ne serois point naturellement porté à croire tout ce que Procope nous dit là-dessus dans son Histoire secrette, parce que les Eloges magnifiques qu'il a fait de ce Prince dans ses autres ouvrages affoiblissent son témoignage dans celui-ci, où il nous le dépeint comme le plus stupide & le plus cruel des Tyrans.

Mais j'avoue que deux choses font que je suis pour l'Histoire secrette. La premiere, c'est qu'elle est mieux liée avec l'étonnante foiblesse où se trouva cet Empire à la fin de ce Régne & dans les suivans.

L'autre est un monument qui existe encore parmi nous : ce sont les Loix de cet Empereur, où l'on voit, dans le cours de quelques années, la Jurisprudence varier davantage qu'elle n'a fait dans les trois cent dernieres années de notre Monarchie,

Ces variations (1) sont la plupart sur des choses de si petite importance, qu'on ne voit aucune raison qui eût dû porter un Législateur à les faire, à moins qu'on n'explique ceci par l'Histoire secrette, & qu'on ne dise que ce Prince vendoit également ses Jugemens & ses Loix.

Mais ce qui fit le plus de tort à l'Etat politique du gouvernement, fut le projet qu'il conçut de réduire tous les hommes à une même opinion sur les matieres de Religion, dans des circonstances qui rendoient son zèle entiérement indiscret.

Comme les anciens Romains fortifierent leur Empire, en y laissant toute sorte de culte; dans la suite on le réduisit à rien, en coupant l'une après l'autre les Sectes qui ne dominoient pas.

Ces Sectes étoient des Nations entieres. Les unes, après qu'elles avoient été conquises par les Romains, avoient conservé leur ancienne Religion, comme les Samaritains & les Juifs. Les autres s'étoient répandues dans un pays, comme les Sectateurs de Montan dans

(1) Voyez les *Novelles* de Justinien.

la Phrygie; les Manichéens, les Sabatiens, les Ariens dans d'autres Provinces. Outre qu'une grande partie des gens de la campagne étoient encore Idolâtres, & entêtés d'une Religion groffiere comme eux-mêmes.

JUSTINIEN, qui détruifit ces Sectes par l'épée ou par fes Loix, & qui les obligeant à fe révolter s'obligea à les exterminer, rendit incultes plufieurs Provinces : il crut avoir augmenté le nombre des fidéles; il n'avoit fait que diminuer celui des hommes.

Procope nous apprend que, par la deftruction des Samaritains, la Paleftine devint déferte : & ce qui rend ce fait fingulier, c'eft qu'on affoiblit l'Empire par zèle pour la Religion, du côté par où, quelques régnes après, les Arabes pénétrerent pour la détruire.

Ce qu'il y avoit de défefpérant, c'eft que, pendant que l'Empereur portoit fi loin l'intolérance, il ne convenoit pas lui-même avec l'Impératrice fur les points les plus effentiels : il fuivoit le Concile de Calcédoine; & l'Impératrice favorifoit ceux qui y étoient oppofés, foit qu'ils fuffent de

Chap.
XX.

bonne foi, (1) dit Evagre, soit qu'ils le fissent à dessein.

Lorsqu'on lit Procope sur les Edifices de Justinien, & qu'on voit les Places & les Forts que ce Prince fit élever par tout ; il vient toujours dans l'esprit une idée, mais bien fausse, d'un Etat florissant.

D'abord les Romains n'avoient point de Places ; ils mettoient toute leur confiance dans leurs Armées, qu'ils plaçoient le long des fleuves, où ils élevoient des tours de distance en distance pour loger les Soldats.

Mais lorsqu'on n'eut plus que de mauvaises Armées, que souvent même on n'en eut point du tout, la frontiere (2) ne défendant plus l'intérieur,

---

(1) *Liv.* 4. *ch.* 10.
(2) Auguste avoit établi neuf frontieres ou marches : Sous les Empereurs suivans, le nombre en augmenta. Les Barbares se montroient là où ils n'avoient point encore paru. Et Dion, *l.* 55. rapporte que de son temps, sous l'Empire d'Alexandre, il y en avoit treize. On voit, par la *Notice de l'Empire*, écrite depuis Arcadius & Honorius, que, dans le seul Empire d'Orient, il y en avoit quinze : Le nombre en augmenta toujours : la Pamphilie, la Lycaonie, la Pysidie devinrent des Marches, & tout l'Empire fut couvert de fortifications. Aurelien avoit été obligé de fortifier Rome.

il

il fallut le fortifier ; & alors on eut plus de Places & moins de forces, plus de retraites & moins de sûreté. La campagne n'étant plus habitable qu'autour des Places fortes, on en bâtit de toutes parts. Il en étoit comme de la France du temps des Normands (1), qui n'a jamais été si foible que lorsque tous ses Villages étoient entourés de murs.

Ainsi toutes ces listes de noms des Forts que Justinien fit bâtir, dont Procope couvre des pages entieres, ne sont que des monumens de la foiblesse de l'Empire.

CHAPITRE XXI.

Désordres de l'Empire d'Orient.

DANS ce temps-là les Perses étoient dans une situation plus heureuse que les Romains : ils craignoient peu les Peuples (2) du Nord,

(1) Et des Anglois.
(2) Les Huns.

Chap. XXI.

parce qu'une partie du Mont Taurus entre la mer Caspienne & le Pont Euxin les en séparoit, & qu'ils gardoient un passage fort étroit (1) fermé par une porte, qui étoit le seul endroit par où la Cavalerie pouvoit passer : partout ailleurs ces Barbares (2) étoient obligés de descendre par des précipices, & de quitter leurs chevaux qui faisoient toute leur force ; mais ils étoient encore arrêtés par l'Araxe, riviere profonde, qui coule de l'Ouest à l'Est, & dont on défendoit aisément les passages.

De plus, les Perses étoient tranquilles du côté de l'Orient : au Midi ils étoient bornés par la mer. Il leur étoit facile d'entretenir la division parmi les Princes Arabes, qui ne songeoient qu'à se piller les uns les autres. Ils n'avoient donc proprement d'ennemis que les Romains. » Nous sçavons, disoit un
» Ambassadeur de Hormisdas (3),
» que les Romains sont occupés à plu-
» sieurs guerres, & ont à combattre

(1) Les Portes Caspiennes.
(2) Procope, *Guerre des Perses*, l. 2.
(3) Ambassades de Menandre.

contre presque toutes les Nations ; « Chap.
ils sçavent au contraire que nous n'a- « XXI.
vons de guerre que contre eux. «

Autant que les Romains avoient négligé l'art militaire, autant les Perses l'avoient-ils cultivé. » Les Perses, « disoit Belisaire à ses Soldats, ne vous « surpassent point en courage ; ils « n'ont sur vous que l'avantage de la « discipline. «

Ils prirent dans les négociations la même supériorité que dans la guerre. Sous prétexte qu'ils tenoient une garnison aux Portes Caspiennes, ils demandoient un tribut aux Romains, comme si chaque Peuple n'avoit pas ses frontieres à garder : ils se faisoient payer pour la paix, pour les trêves, pour les suspensions d'armes, pour le temps qu'on employoit à négocier, pour celui qu'on avoit passé à faire la guerre.

Les Avares ayant traversé le Danube, les Romains, qui la plupart du temps n'avoient point de troupes à leur opposer, occupés contre les Perses lorsqu'il auroit fallu combattre les Avares, & contre les Avares quand il auroit fallu arrêter les Perses, furent encore forcés de se soumettre à un tribut; & la Majesté de l'Empire fut flétrie chez toutes les Nations.

JUSTIN, TIBERE & MAURICE, travaillerent avec soin à défendre l'Empire; ce dernier avoit des vertus, mais elles étoient ternies par une avarice presque inconcevable dans un grand Prince.

Le Roi des Avares offrit à MAURICE de lui rendre les prisonniers qu'il avoit faits, moyennant une demie piéce d'argent par tête; sur son refus il les fit égorger. L'Armée Romaine indignée se révolta; & les Verds s'étant soulevés en même temps, un Centenier nommé PHOCAS fut élevé à l'Empire, & fit tuer MAURICE & ses enfans.

L'histoire de l'Empire Grec, c'est ainsi que nous nommerons dorénavant l'Empire Romain, n'est plus qu'un tissu de révoltes, de séditions & de perfidies. Les Sujets n'avoient pas seulement l'idée de la fidélité que l'on doit aux Princes: & la succession des Empereurs fut si interrompue, que le titre de *Porphyrogénete*, c'est-à-dire, né dans l'appartement où accouchoient les Impératrices, fut un titre distinctif que peu de Princes des diverses Familles Impériales purent porter.

CHAP. XXI.

Toutes les voies furent bonnes pour parvenir à l'Empire : on y alla par les Soldats, par le Clergé, par le Sénat, par les Paysans, par le Peuple de Constantinople, par celui des autres Villes.

La Religion Chrétienne étant devenue dominante dans l'Empire, il s'éleva successivement plusieurs Hérésies qu'il fallut condamner. Arius ayant nié la Divinité du Verbe, les Macédoniens celle du Saint Esprit ; Nestorius l'unité de la Personne de Jesus-Christ, Eutychès ses deux natures, les Monothélites ses deux volontés, il fallut assembler des Conciles contre eux : Mais les décisions n'en ayant pas été d'abord universellement reçues, plusieurs Empereurs séduits revinrent aux erreurs condamnées. Et comme il n'y a jamais eu de Nation qui ait porté une haine si violente aux Hérétiques que les Grecs, qui se croyoient souillés lorsqu'ils parloient à un Hérétique ou habitoient avec lui, il arriva que plusieurs Empereurs perdirent l'affection de leurs Sujets; & les Peuples s'accoutumerent à penser que des Princes si souvent rebéles à Dieu, n'avoient pu être choisis par la Providence pour les gouverner.

Une certaine opinion prise de cette idée qu'il ne falloit pas répandre le sang des Chrétiens, laquelle s'établit de plus en plus lorsque les Mahométans eurent paru, fit que les crimes qui n'intéressoient pas directement la Religion furent foiblement punis : on se contenta de crever (1) les yeux, ou de couper le nez ou les cheveux, ou de mutiler de quelque maniere ceux qui avoient excité quelque révolte, ou attenté à la personne du Prince; des actions pareilles purent se commettre sans danger & même sans courage.

Un certain respect pour les ornemens Impériaux fit que l'on jetta d'abord les yeux sur ceux qui oserent s'en

---

(1) Zenon contribua beaucoup à établir ce relâchement. Voyez Malchus, *Hist. Byzant.* dans l'extrait des Ambassades.

revêtir : C'étoit un crime de porter ou d'avoir chez foi des étoffes de pourpre ; mais dès qu'un homme s'en vêtiſſoit, il étoit d'abord ſuivi, parce que le reſpect étoit plus attaché à l'habit qu'à la perſonne.

L'ambition étoit encore irritée par l'étrange manie de ces temps-là, n'y ayant guéres d'homme conſidérable qui n'eût par devers lui quelque prédiction qui lui promettoit l'Empire.

Comme les maladies de l'Eſprit ne ſe guériſſent guéres (1), l'Aſtrologie judiciaire & l'Art de prédire par les objets vus dans l'eau d'un baſſin, avoient ſuccédé chez les Chrétiens aux Divinations par les entrailles des Victimes ou le vol des oiſeaux, abolies avec le Paganiſme : des promeſſes vaines furent le motif de la plupart des entrepriſes téméraires des particuliers, comme elles devinrent la ſageſſe du conſeil des Princes.

Les malheurs de l'Empire croiſſant tous les jours, on fut naturellement porté à attribuer les mauvais ſuccès dans la guerre, & les Traités hon-

(1) Voyez Nicetas, *Vie d'Andronic Comnene.*

teux dans la paix, à la mauvaise conduite de ceux qui gouvernoient.

Les révolutions mêmes firent les révolutions, & l'effet devint lui-même la cause : Comme les Grecs avoient vu passer successivement tant de diverses familles sur le Trône, ils n'étoient attachés à aucune ; & la fortune ayant pris des Empereurs dans toutes les conditions, il n'y avoit pas de naissance assez basse, ni de mérite si mince qui pût ôter l'espérance.

Plusieurs exemples reçus dans la Nation en formerent l'esprit général, & firent les mœurs qui régnent aussi impérieusement que les Loix.

Il semble que les grandes entreprises soient parmi nous plus difficiles à mener que chez les Anciens ; on ne peut guéres les cacher, parce que la communication est telle aujourd'hui entre les Nations, que chaque Prince a des Ministres dans toutes les Cours, & peut avoir des traîtres dans tous les cabinets.

L'invention des Postes fait que les Nouvelles volent & arrivent de toutes parts.

Comme

ET LEUR DÉCADENCE. 265

Comme les grandes entreprises ne peuvent se faire sans argent, & que depuis l'invention des Lettres-de-change les Négocians en sont les maîtres, leurs affaires sont très-souvent liées avec les secrets de l'Etat ; & ils ne négligent rien pour les pénétrer.

Des variations dans le change sans une cause connue, font que bien des gens la cherchent & la trouvent à la fin.

L'invention de l'Imprimerie, qui a mis les Livres dans les mains de tout le monde ; celle de la gravure, qui a rendu les cartes géographiques si communes ; enfin l'établissement des papiers politiques, font assez connoître à chacun les intérêts généraux, pour pouvoir plus aisément être éclaircis sur les faits secrets.

Les conspirations dans l'Etat sont devenues difficiles, parce que, depuis l'invention des Postes, tous les secrets particuliers sont dans le pouvoir du public.

Les Princes peuvent agir avec promptitude, parce qu'ils ont les forces de l'Etat dans leurs mains ; les conspira-

Z

teurs sont obligés d'agir lentement, parce que tout leur manque : mais à présent que tout s'éclaircit avec plus de facilité & de promptitude, pour peu que ceux-ci perdent de temps à s'arranger, ils sont découverts.

CHAPITRE XXII.

Foiblesse de l'Empire d'Orient.

PHOCAS dans la confusion des choses étant mal affermi, HERACLIUS vint d'Afrique, & le fit mourir ; il trouva les Provinces envahies & les Légions détruites.

À peine avoit-il donné quelque remede à ces maux, que les Arabes sortirent de leur pays pour étendre la Religion & l'Empire que MAHOMET avoit fondé d'une même main.

Jamais on ne vit des progrès si rapides : ils conquirent d'abord la Syrie, la Palestine, l'Egypte, l'Afrique, & envahirent la Perse.

Dieu permit que sa Religion cessât

en tant de lieux d'être dominante, non pas qu'il l'eût abandonnée; mais parce que, qu'elle soit dans la gloire ou dans l'humiliation extérieure, elle est toujours également propre à produire son effet naturel, qui est de sanctifier.

La prospérité de la Religion est différente de celle des Empires. Un Auteur célébre disoit qu'il étoit bien-aise d'être malade, parce que la maladie est le vrai état du Chrétien. On pourroit dire de même que les humiliations de l'Eglise, sa dispersion, la destruction de ses Temples, les souffrances de ses Martyrs, font le temps de sa gloire; & que lorsqu'aux yeux du monde elle paroît triompher, c'est le temps ordinaire de son abaissement.

Pour expliquer cet événement fameux de la conquête de tant de pays par les Arabes, il ne faut pas avoir recours au seul enthousiasme: Les Sarrasins étoient depuis long-temps distingués parmi les auxiliaires des Romains & des Perses; les Osroëniens & eux étoient les meilleurs hommes de trait qu'il y eût au monde; SEVERE,

ALEXANDRE & MAXIMIN en avoient engagé à leur service autant qu'ils avoient pu, & s'en étoient servis avec un grand succès contre les Germains qui désoloient de loin ; sous VALENS, les (1) Goths ne pouvoient leur résister ; enfin ils étoient dans ces temps-là la meilleure Cavalerie du monde.

Nous avons dit que chez les Romains les Légions d'Europe valoient mieux que celles d'Asie : c'étoit tout le contraire pour la Cavalerie ; je parle de celle des Parthes, des Osroëniens, & des Sarrasins : & c'est ce qui arrêta les conquêtes des Romains, parce que depuis ANTIOCHUS un nouveau Peuple Tartare, dont la Cavalerie étoit la meilleure du monde, s'empara de la haute Asie.

Cette Cavalerie étoit pesante (2), & celle d'Europe étoit légere ; c'est aujourd'hui tout le contraire. La Hollande & la Frise n'étoient point, pour

---

(1) Zozime, *l.* 4.
(2) Voyez ce que dit Zozime, *l.* 1. sur la Cavalerie d'Aurelien & celle de Palmyre. Voyez aussi Ammien Marcellin, sur la Cavalerie des Perses.

ainsi dire, encore faites (1); & l'Allemagne étoit pleine de bois, de lacs & de marais, où la Cavalerie servoit peu.

Depuis qu'on a donné un cours aux grands fleuves, ces marais se sont dissipés, & l'Allemagne a changé de face. Les ouvrages de (2) VALENTINIEN sur le Neker, & ceux des Romains sur le Rhin, ont fait bien des changemens (3); & le commerce s'étant établi, des pays (4) qui ne produisoient point de chevaux en ont donné, & on en a fait usage.

CONSTANTIN (5), fils d'HERACLIUS, ayant été empoisonné, & son fils CONSTANT tué en Sicile, CONSTANTIN *le Barbu* son fils aîné, lui succéda; les Grands des Provinces d'Orient s'étant assemblés, ils voulurent couronner ses deux autres freres, sou-

(1) C'étoit pour la plupart des terres submergées, que l'art a rendues propres à être la demeure des hommes.
(2) Voyez Ammien Marcellin, *l.* 27.
(3) Le climat n'y est plus aussi froid que le disoient les Anciens.
(4) César dit que les chevaux des Germains étoient vilains & petits, *l.* 4. *c.* 2. Et Tacite, des Mœurs des Germains, dit: *Germania pecorum fœcunda, sed pleraque improcera.*
(5) Zonaras, *Vie de Constantin le Barbu.*

Z 3

tenant que, comme il faut croire en la Trinité, aussi étoit-il raisonnable d'avoir trois Empereurs.

L'Histoire Grecque est pleine de traits pareils : & le petit esprit étant parvenu à faire le caractere de la Nation, il n'y eut plus de sagesse dans les entreprises, & l'on vit des troubles sans cause & des révolutions sans motifs.

Une bigotterie universelle abattit les courages & engourdit tout l'Empire. Constantinople est, à proprement parler, le seul pays d'Orient où la Religion Chrétienne ait été dominante : or cette lâcheté, cette paresse, cette mollesse des Nations d'Asie se mêlerent dans la dévotion même. Entre mille exemples, je ne veux que PHILIPPICUS, Général de MAURICE, qui étant prêt de donner une bataille se mit à (1) pleurer, dans la considération du grand nombre de gens qui alloient être tués.

Ce sont bien d'autres larmes, cel-

___
(1) Theophilacte, *l. 1. c. 3. Hist. de l'Empereur Maurice.*

les de ces Arabes (1) qui pleurerent de douleur de ce que leur Général avoit fait une tréve qui les empêchoit de répandre le sang des Chrétiens.

C'est que la différence est totale entre une Armée fanatique & une Armée bigotte : on le vit dans nos temps modernes dans une révolution fameuse, lorsque l'Armée de Cromwel étoit comme celle des Arabes, & les Armées d'Irlande & d'Ecosse comme celle des Grecs.

Une superstition grossiere, qui abaisse l'esprit autant que la Religion l'éleve, plaça toute la vertu & toute la confiance des hommes dans une ignorante stupidité pour les Images : & l'on vit des Généraux (2) lever un siége & perdre une Ville (3) pour avoir une Relique.

La Religion Chrétienne dégénéra sous l'Empire Grec, au point où elle étoit de nos jours chez les Moscovites avant que le Czar Pierre I eût fait

---

(1) *Histoire de la conquête de la Syrie, de la Perse & de l'Egypte par les Sarrasins*, par M. Ockley.
(2) Zonare, *Vie de Romain Lacapene.*
(3) Nicetas, *Vie de Jean Comnene.*

renaître cette Nation, & introduit plus de changemens dans un État qu'il gouvernoit, que les Conquérans n'en font dans ceux qu'ils usurpent.

On peut aisément croire que les Grecs tomberent dans une espéce d'Idolâtrie. On ne soupçonnera pas les Italiens ni les Allemands de ce temps-là d'avoir été peu attachés au culte extérieur : cependant, lorsque les Historiens Grecs parlent du mépris des premiers pour les Reliques & les Images, on diroit que ce sont nos Controversistes qui s'échauffent contre Calvin. Quand les Allemands passerent pour aller dans la Terre Sainte, Nicetas dit que les Arméniens les reçurent comme amis, parce qu'ils n'adoroient pas les Images. Or si, dans la maniere de penser des Grecs, les Italiens & les Allemands ne rendoient pas assez de culte aux Images, quel devoit être l'énormité du leur ?

Il pensa bien y avoir en Orient à peu-près la même révolution qui arriva il y a environ deux siécles en Occident, lorsqu'au renouvellement des Lettres, comme on commença à sentir les abus & les déréglemens où l'on étoit tombé, tout le monde cherchant un reméde au mal, des gens hardis & trop peu dociles déchirerent l'Eglise, au lieu de la réformer.

LEON l'*Isaurien*, CONSTANTIN *Copronyme*, LEON son fils, firent la guerre aux Images : & après que le culte en eût été rétabli par l'Impératrice IRENE, LEON l'*Armenien*, MICHEL *le Begue*, & THEOPHILE les abolirent encore : ces Princes crurent n'en pouvoir modérer le culte qu'en le détruisant; ils firent la guerre aux Moines (1) qui incommodoient l'Etat; & prenant toujours les voies extrêmes, ils voulurent les exterminer par le glaive, au lieu de chercher à les régler.

Les Moines (2) accusés d'Idolâtrie par les partisans des nouvelles opinions, leur donnerent le change, en les accu-

(1) Long-temps avant, Valens avoit fait une Loi, pour les obliger d'aller à la guerre, & fit tuer tous ceux qui n'obéirent pas. Jornandès, *de regn. Successs.* & la Loi 26. *Cod. de Decur.*

(2) Tout ce qu'on verra ici sur les Moines Grecs ne porte point sur leur état; car on ne peut pas dire qu'une chose ne soit pas bonne, parce que dans de certains temps ou dans quelque Pays on en a abusé.

sant à leur tour de Magie (1) : & montrant au Peuple les Eglises dénuées d'Images & de tout ce qui avoit fait jusques-là l'objet de sa vénération, ils ne lui laisserent point imaginer qu'elles pussent servir à d'autre usage qu'à sacrifier aux Démons.

Ce qui rendoit la querelle sur les Images si vives, & fit que dans la suite les gens sensés ne pouvoient pas proposer un culte modéré, c'est qu'elle étoit liée à des choses bien tendres : il étoit question de la puissance ; & les Moines l'ayant usurpée, ils ne pouvoient l'augmenter ou la soutenir, qu'en ajoutant sans cesse au culte extérieur, dont ils faisoient eux-mêmes partie. Voilà pourquoi les guerres contre les Images furent toujours des guerres contre eux ; & que, quand ils eurent gagné ce point, leur pouvoir n'eut plus de bornes.

Il arriva pour lors ce que l'on vit quelques siécles après dans la querelle qu'eurent BARLAAM & ACYNDINE

---

(1) Leon le Grammairien, *Vie de Leon l'Armenien.* Ibid. *Vie de Theophile.* Voyez Suidas à l'article *Constantin fils de Leon.*

contre les Moines, & qui tourmenta cet Empire jusqu'à sa destruction. On disputoit si la Lumiere qui apparut autour de Jesus-Christ sur le Thabor étoit créée ou incréée : Dans le fonds les Moines ne se soucioient pas plus qu'elle fût l'un que l'autre ; mais comme Barlaam les attaquoit directement eux-mêmes, il falloit nécessairement que cette Lumiere fût incréée.

La guerre que les Empereurs Iconoclastes déclarerent aux Moines, fit que l'on reprit un peu les principes du gouvernement, que l'on employa en faveur du Public les revenus publics, & qu'enfin on ôta au corps de l'Etat ses entraves.

Quand je pense à l'ignorance profonde dans laquelle le Clergé Grec plongea les Laïques, je ne puis m'empêcher de le comparer à ces Scythes dont parle (1) Hérodote, qui crévoient les yeux à leurs esclaves, afin que rien ne pût les distraire & les empêcher de battre leur lait.

L'Impératrice Theodora rétablit les Images ; & les Moines recommen-

(1) *Liv.* 4.

CHAP.
XXII.

cerent à abuser de la piété publique: ils parvinrent jusqu'à opprimer le Clergé séculier même: ils occuperent tous les grands Siéges (1), & exclurent peu-à-peu tous les Ecclésiastiques de l'Episcopat; c'est ce qui rendit ce Clergé intolérable: Et si l'on en fait le paralléle avec le Clergé Latin, si l'on compare la conduite des Papes avec celle des Patriarches de Constantinople, on verra des gens aussi sages que les autres étoient peu sensés.

Voici une étrange contradiction de l'esprit humain: Les Ministres de la Religion chez les premiers Romains n'étant pas exclus des charges & de la société civile, s'embarrasserent peu de ses affaires: lorsque la Religion Chrétienne fut établie, les Ecclésiastiques, qui étoient plus séparés des affaires du monde, s'en mêlerent avec modération; mais lorsque, dans la décadence de l'Empire, les Moines furent le seul Clergé, ces gens, destinés par une profession plus particuliere à fuir & à craindre les affaires, embrasserent toutes les occasions qui purent leur y don-

(2) Voyez Pachymere, *l.* 8.

ner part ; ils ne cefferent de faire du bruit par-tout, & d'agiter ce monde qu'ils avoient quitté.

Aucune affaire d'Etat, aucune paix, aucune guerre, aucune trêve, aucune négociation, aucun mariage ne se traita que par le ministere des Moines; les Conseils du Prince en furent remplis, & les Assemblées de la Nation presque toutes composées.

On ne sçauroit croire quel mal il en résulta ; ils affoiblirent l'esprit des Princes, & leur firent faire imprudemment même les choses bonnes. Pendant (1) que Basile occupoit les Soldats de son Armée de mer à bâtir une Eglise à Saint Michel, il laissa piller la Sicile par les Sarrasins, & prendre Syracuse: & Leon son Successeur, qui employa sa flotte au même usage, leur laissa occuper Tauromenie & l'Isle de Lemnos.

Andronic (2) Paléologue abandonna la Marine, parce qu'on l'assûra que Dieu étoit si content de

---

(1) Zonaras, *Vie de Basile & de Leon.* Nicephor, *Vie de Basile & de Leon.*
(2) Pachymere, *l. 7.*

son zèle pour la paix de l'Eglise, que ses Ennemis n'oseroient l'attaquer. Le même craignoit que Dieu ne lui demandât compte du temps qu'il employoit à gouverner son Etat, & qu'il déroboit aux affaires spirituelles.

Les Grecs grands parleurs, grands Disputeurs, naturellement Sophistes, ne cesserent d'embrouiller la Religion par des Controverses. Comme les Moines avoient un grand crédit à la Cour, toujours d'autant plus foible qu'elle étoit plus corrompue, il arrivoit que les Moines & la Cour se gâtoient réciproquement, & que le mal étoit dans tous les deux ; d'où il suivoit que toute l'attention des Empereurs étoit occupée quelquefois à calmer, souvent à irriter des disputes Théologiques, qu'on a toujours remarqué devenir frivoles à mesure qu'elles sont plus vives.

MICHEL PALÉOLOGUE (1) dont le Régne fut tant agité par des disputes sur la Religion, voyant les affreux ravages des Turcs dans l'Asie, disoit en

(1) Pachymere, l. 6. c. 29. On a employé la Traduction de M. le Président Cousin.

soupirant que le zèle téméraire de certaines personnes, qui en décriant sa conduite avoient soulevé ses Sujets contre lui, l'avoit obligé d'appliquer tous ses soins à sa propre conservation, & de négliger la ruine des Provinces. Je me suis contenté, disoit-il, de « pourvoir à ces parties éloignées par « le ministere des Gouverneurs, qui « m'en ont dissimulé les besoins, soit « qu'ils fussent gagnés par argent, soit « qu'ils appréhendassent d'être punis. «

Les Patriarches de Constantinople avoient un pouvoir immense; comme dans les tumultes populaires les Empereurs & les Grands de l'Etat se retiroient dans les Eglises, que le Patriarche étoit maître de les livrer ou non, & exerçoit ce droit à sa fantaisie, il se trouvoit toujours, quoiqu'indirectement, arbitre de toutes les affaires publiques.

Lorsque le vieux ANDRONIQUE (1) fit dire au Patriarche qu'il se mêlât des affaires de l'Eglise & le laissât gouver-

(1) Paléologue. Voyez l'*Histoire des deux Andronique*, écrite par Cantacuzene, *liv.* 1. *ch.* 30.

ner celles de l'Empire; » C'est, lui répondit le Patriarche, comme si le corps disoit à l'ame: Je ne prétens avoir rien de commun avec vous, & je n'ai que faire de votre secours pour exercer mes fonctions.

De si monstrueuses prétentions étant insupportables aux Princes, les Patriarches furent très-souvent chassés de leur Siége. Mais chez une Nation superstitieuse, où l'on croyoit abominables toutes les fonctions Ecclésiastiques qu'avoit pu faire un Patriarche qu'on croyoit intrus, cela produisit des Schismes continuels; chaque Patriarche, l'ancien, le nouveau, le plus nouveau ayant chacun leurs Sectateurs.

Ces sortes de querelles étoient bien plus tristes que celles qu'on pouvoit avoir sur le Dogme, parce qu'elles étoient comme une hydre qu'une nouvelle disposition pouvoit toujours reproduire.

La fureur des disputes devint un état si naturel aux Grecs, que lorsque CANTACUZENE (1) prit Constantinople, il trouva l'Empereur JEAN & l'Impé-

(1) Cantacuzene, l. 3. c. 99.

ratrice Anne occupés à un Concile contre quelques ennemis des Moines : & quand Mahomet II (1) l'assiégea, il ne put suspendre les haines Théologiques ; & on y étoit (2) plus occupé du Concile de Florence que de l'Armée des Turcs.

Dans les disputes ordinaires, comme chacun sent qu'il peut se tromper, l'opiniâtreté & l'obstination ne sont pas extrêmes : mais dans celles que nous avons sur la Religion, comme, par la nature de la chose, chacun croit être sûr que son opinion est vraie, nous nous indignons contre ceux qui, au lieu de changer eux-mêmes, s'obstinent à nous faire changer.

Ceux qui liront l'Histoire de Pachymere connoîtront bien l'impuissance où étoient & où seront toujours les Théologiens par eux-mêmes d'accommoder jamais leurs différends. On

(1) Ducas, *Histoire des derniers Paléologues.*
(2) On se demandoit si on avoit entendu la Messe d'un Prêtre qui eût consenti à l'union ; on l'auroit fui comme le feu : on regardoit la grande Eglise comme un Temple profane. Le Moine Gennadius lançoit ses Anathêmes sur tous ceux qui desiroient la paix. Ducas, *Histoire des derniers Paléologues.*

y voit un Empereur (1) qui passe sa vie à les assembler, à les écouter, à les rapprocher; on voit de l'autre une hydre de disputes qui renaissent sans cesse; & l'on sent qu'avec la même méthode, la même patience, les mêmes espérances, la même envie de finir, la même simplicité pour leurs intrigues, le même respect pour leurs haines, ils ne se seroient jamais accommodés jusqu'à la fin du monde.

En voici un exemple bien remarquable : A la sollicitation de l'Empereur (2), les Partisans du Patriarche ARSENE firent une convention avec ceux qui suivoient le Patriarche JOSEPH, qui portoit que les deux partis écriroient leurs prétentions, chacun sur un papier; qu'on jetteroit les deux papiers dans un brasier; que si l'un des deux demeuroit entier, le jugement de Dieu seroit suivi; & que si tous les deux étoient consumés, ils renonceroient à leurs différends. Le feu dévora les deux papiers, les deux Partis se réunirent, la paix dura un jour; mais

(1) Andronic Paléologue.
(2) Pachymere, l. 1.

le lendemain ils dirent que leur changement auroit dû dépendre d'une persuasion intérieure, & non pas du hazard; & la guerre recommença plus vive que jamais.

On doit donner une grande attention aux disputes des Théologiens, mais il faut la cacher autant qu'il est possible ; la peine qu'on paroît prendre à les calmer les accréditant toujours, en faisant voir que leur maniere de penser est si importante qu'elle décide du repos de l'Etat & de la sûreté du Prince.

On ne peut pas plus finir leurs affaires en écoutant leurs subtilités, qu'on ne pourroit abolir les Duels en établissant des écoles où l'on rafineroit sur le point d'honneur.

Les Empereurs Grecs eurent si peu de prudence, que quand les disputes furent endormies, ils eurent la rage de les réveiller. ANASTASE (1), JUSTINIEN (2), HÉRACLIUS (3), MANUEL COMNENE (4) proposerent des points

(1) Evagre, *liv.* 3.
(2) Procope, *Hist. Secret.*
(3) Zonare, *vie d'Héraclius.*
(4) Nicetas, *vie de Manuel Comnene.*

de foi à leur Clergé & à leur Peuple, qui auroit méconnu la vérité dans leur bouche, quand même ils l'auroient trouvée. Ainsi péchant toujours dans la forme & ordinairement dans le fond, voulant faire voir leur pénétration qu'ils auroient pu si-bien montrer dans tant d'autres affaires qui leur étoient confiées, ils entreprirent des disputes vaines sur la nature de Dieu, qui, se cachant aux Sçavans parce qu'ils sont orgueilleux, ne se montre pas mieux aux Grands de la Terre.

C'est une erreur de croire qu'il y ait dans le monde une autorité humaine à tous les égards despotique; il n'y en a jamais eu, & il n'y en aura jamais; le pouvoir le plus immense est toujours borné par quelque coin. Que le Grand Seigneur mette un nouvel impôt à Constantinople, un cri général lui fait d'abord trouver des limites qu'il n'avoit pas connues. Un Roi de Perse (1) peut bien contraindre un fils de tuer son pere, ou un pere de tuer son fils; mais obliger ses Sujets de boire du vin, il ne le peut pas. Il y a dans chaque Na-

(1) Voyez Chardin.

tion un esprit général, sur lequel la puissance même est fondée; quand elle choque cet esprit, elle se choque elle-même & elle s'arrête nécessairement.

CHAP. XXII.

La source la plus empoisonnée de tous les malheurs des Grecs, c'est qu'ils ne connurent jamais la nature ni les bornes de la Puissance Ecclésiastique & de la Séculiere; ce qui fit que l'on tomba de part & d'autre dans des égaremens continuels.

Cette grande distinction, qui est la base sur laquelle pose la tranquillité des Peuples, est fondée non-seulement sur la Religion, mais encore sur la raison & la nature, qui veulent que des choses réellement séparées & qui ne peuvent subsister que séparées, ne soient jamais confondues.

Quoique chez les anciens Romains le Clergé ne fît pas un Corps séparé, cette distinction y étoit aussi connue que parmi nous. CLAUDIUS avoit consacré à la Liberté la maison de CICERON, lequel revenu de son exil la redemanda; les Pontifes déciderent que, si elle avoit été consacrée sans un ordre exprès du Peuple, on pouvoit la lui rendre sans blesser la Religion. » Ils » ont déclaré, dit Ciceron (1), qu'ils » n'avoient examiné que la validité de » la consécration, & non la Loi faite » par le Peuple; qu'ils avoient jugé le » premier chef comme Pontifes, & » qu'ils jugeroient le second comme » Sénateurs.

CHAPITRE XXIII.

1. Raison de la durée de l'Empire d'Orient. 2. Sa destruction.

APRÉS ce que je viens de dire de l'Empire Grec, il est naturel de demander comment il a pu subsister si long-temps. Je crois pouvoir en donner les raisons.

Les Arabes l'ayant attaqué, & en ayant conquis quelques Provinces, leurs Chefs se disputerent le Caliphat; & le feu de leur premier zèle ne produisit plus que des discordes civiles.

Les mêmes Arabes ayant conquis

(1) Lettres à Atticus, *l*. 4.

la Perse & s'y étant divisés ou affoiblis, les Grecs ne furent plus obligés de tenir sur l'Euphrate les principales forces de leur Empire.

Un Architecte nommé CALLINIQUE, qui étoit venu de Syrie à Constantinople, ayant trouvé la composition d'un Feu que l'on souffloit par un tuyau, & qui étoit tel que l'eau & tout ce qui éteint les feux ordinaires ne faisoit qu'en augmenter la violence ; les Grecs, qui en firent usage, furent en possession pendant plusieurs siécles de brûler toutes les flottes de leurs Ennemis, sur-tout celles des Arabes qui venoient d'Afrique ou de Syrie les attaquer jusqu'à Constantinople.

Ce Feu fut mis au rang des secrets de l'Etat : & CONSTANTIN PORPHYROGENETE dans son ouvrage dédié à ROMAIN son fils, sur l'administration de l'Empire, l'avertit que, lorsque les Barbares lui demanderont du *Feu Grégois*, il doit leur répondre qu'il ne lui est pas permis de leur en donner, parce qu'un Ange qui l'apporta à l'Empereur CONSTANTIN, défendit de le communiquer aux autres Nations ; &

que ceux qui avoient osé le faire, avoient été dévorés par le feu du Ciel dès qu'ils étoient entrés dans l'Eglise.

Constantinople faisoit le plus grand & presque le seul commerce du monde, dans un temps où les Nations Gothiques d'un côté, & les Arabes de l'autre, avoient ruiné le commerce & l'industrie par tout ailleurs : les Manufactures de Soye y avoient passé de Perse ; & depuis l'invasion des Arabes elles furent fort négligées dans la Perse même : d'ailleurs les Grecs étoient maîtres de la Mer ; cela mit dans l'Etat d'immenses richesses, & par conséquent de grandes ressources ; & si-tôt qu'il eut quelque relâche, on vit d'abord reparoître la prospérité publique.

En voici un grand exemple. Le vieux ANDRONIC COMNENE étoit le NERON des Grecs ; mais comme parmi tous ses vices il avoit une fermeté admirable pour empêcher les injustices & les vexations des Grands, on (1) remarqua que, pendant trois ans qu'il

(1) Nicetas, *Vie d'Andronic Comnene*, l. 2.

ET LEUR DE'CADENCE. 289
régna, plusieurs Provinces se rétablirent.

CHAP. XXIII.

Enfin les Barbares qui habitoient les bords du Danube, s'étant établis, ils ne furent plus si redoutables, & servirent même de barriere contre d'autres Barbares.

Ainsi pendant que l'Empire étoit affaissé sous un mauvais gouvernement, des choses particulieres le soutenoient. C'est ainsi que nous voyons aujourd'hui quelques Nations de l'Europe se maintenir, malgré leur foiblesse, par les trésors des Indes; les Etats temporels du Pape, par le respect que l'on a pour le Souverain; & les Corsaires de Barbarie, par l'empêchement qu'ils mettent (1) au commerce des petites Nations, ce qui les rend utiles aux grandes.

L'Empire des Turcs est à présent à peu près dans le même dégré de foiblesse où étoit autrefois celui des Grecs: Mais il subsistera long-temps: car (2) si quelque Prince que ce fut mettoit cet Empire en péril en poursuivant ses

(1) Ils troublent la navigation des Italiens dans la Méditerranée.

(2) Ainsi les projets contre le Turc, comme celui qui fut fait sous le Pontificat de Leon X, par lequel l'Empereur devoit se rendre par la

B b

conquêtes, les trois Puissances commerçantes de l'Europe connoissent trop leurs affaires pour n'en pas prendre la défense sur le champ.

C'est leur félicité que Dieu ait permis qu'il y ait dans le monde des Nations propres à posséder inutilement un grand Empire.

Dans le temps de BASILE PORPHYROGENETE la puissance des Arabes fut détruite en Perse. MAHOMET (1) fils de SAMBRAEL qui y régnoit, appella du Nord trois mille Turcs en qualité d'auxiliaires. Sur quelque mécontentement, il envoya une Armée contre eux; mais ils la mirent en fuite. MAHOMET indigné contre ses Soldats, ordonna qu'ils passeroient devant lui vétus en robes de femmes; mais ils se joignirent aux Turcs, qui d'abord allerent ôter la garnison qui gardoit le pont de l'Araxe, & ouvrirent le passa-

---

Bosnie à Constantinople, le Roi de France par l'Albanie & la Gréce, d'autres Princes s'embarquer dans leurs ports; ces projets, dis-je, n'étoient pas sérieux, ou étoient faits par des gens qui ne voyoient pas l'intérêt de l'Europe.

(1) Histoire écrite par Nicéphore Bryene, César. *Vie de Constantin Ducas & Romain Diogène.*

ge à une multitude innombrable de leurs compatriotes.

Après avoir conquis la Perse, ils se répandirent d'Orient en Occident sur les terres de l'Empire; & ROMAIN DIOGENE ayant voulu les arrêter, ils le prirent prisonnier, & soumirent presque tout ce que les Grecs avoient en Asie jusqu'au Bosphore.

Quelque temps après, sous le régne d'ALEXIS COMNENE, les Latins attaquerent l'Occident. Il y avoit longtemps qu'un malheureux Schisme avoit mis une haine implacable entre les Nations des deux Rites: & elle auroit éclaté plutôt, si les Italiens n'avoient plus pensé à réprimer les Empereurs d'Allemagne qu'ils craignoient, que les Empereurs Grecs qu'ils ne faisoient que haïr.

On étoit dans ces circonstances, lorsque tout à coup il se répandit en Europe une opinion religieuse que les lieux où JESUS-CHRIST étoit né, ceux où il avoit souffert, étant profanés par les Infidéles, le moyen d'effacer ses péchés étoit de prendre les armes pour les en chasser. L'Europe étoit pleine de gens qui aimoient la guerre, qui avoient beaucoup de crimes à expier;

Chap.
XXIII.
& qu'on leur proposoit d'expier en suivant leur passion dominante ; tout le monde prit donc la Croix & les armes.

Les Croisés étant arrivés en Orient, assiégerent Nicée & la prirent ; ils la rendirent aux Grecs : & dans la consternation des Infidéles, Alexis & Jean Comnene rechafferent les Turcs jusqu'à l'Euphrate.

Mais quelque fût l'avantage que les Grecs pussent tirer des expéditions des Croisés, il n'y avoit pas d'Empereur qui ne frémît du péril de voir passer au milieu de ses Etats, & succéder des Héros si fiers & de si grandes Armées.

Ils chercherent donc à dégoûter l'Europe de ces entreprises : & les Croisés trouverent par tout des trahisons, de la perfidie, & tout ce qu'on peut attendre d'un Ennemi timide.

Il faut avouer que les François, qui avoient commencé ces expéditions, n'avoient rien fait pour se faire souffrir. Au travers des invectives (1) d'Andronic Comnene contre nous, on voit dans le fond que chez une Nation étrangere nous ne nous contraignions point, & que nous avions pour

(1) Histoire d'Alexis son pere, l. 10. & 11.

lors les défauts qu'on nous reproche aujourd'hui.

Un Comte François alla se mettre sur le Trône de l'Empereur : le Comte BAUDOUIN le tira par le bras, & lui dit : » Vous devez sçavoir que, quand « on est dans un pays, il en faut suivre « les usages. Vraiment, voilà un beau « Paysan, répondit-il, de s'asseoir ici, « tandis que tant de Capitaines sont de- « bout ! «

Les Allemands qui passerent ensuite, & qui étoient (1) les meilleurs gens du monde, firent une rude pénitence de nos étourderies, & trouverent par tout des esprits que nous avions révoltés.

Enfin la haine fut portée au dernier comble : & quelques mauvais traitemens faits à des Marchands Vénitiens, l'ambition, l'avarice, un faux zèle, déterminerent les François & les Vénitiens à se croiser contre les Grecs.

Ils les trouverent aussi peu aguerris, que dans ces derniers temps les Tartares trouverent les Chinois. Les (2) François se mocquoient de leurs ha-

(1) Nicetas, *Hist. de Manuel Comnene*, l. 1.
(2) Nicetas, *Hist. après la prise de Const.* c. 3.

billemens efféminés; ils se promenoient dans les rues de Constantinople, revêtus de leurs robes peintes; ils portoient à la main une écritoire & du papier, par dérision pour cette Nation qui avoit renoncé à la profession des armes; & après la guerre, ils refuserent de recevoir dans leurs troupes quelque Grec que ce fut.

Ils prirent toute la partie d'Occident, & y élurent Empereur le Comte de Flandres, dont les Etats éloignés ne pouvoient donner aucune jalousie aux Italiens. Les Grecs se maintinrent dans l'Orient, séparés des Turcs par les montagnes, & des Latins par la mer.

Les Latins, qui n'avoient pas trouvé d'obstacles dans leurs conquêtes, en ayant trouvé une infinité dans leur établissement; les Grecs repasserent d'Asie en Europe, reprirent Constantinople & presque tout l'Occident.

Mais ce nouvel Empire ne fut que le fantôme du premier, & n'en eut ni les ressources ni la puissance.

Il ne posséda guéres en Asie que les Provinces qui sont en-deçà du Méandre & du Sangare : la plupart de celles d'Europe furent divisées en de petites Souverainetés.

De plus, pendant soixante ans que Constantinople resta entre les mains des Latins, les vaincus s'étant dispersés & les Conquérans occupés à la guerre, le commerce passa entiérement aux Villes d'Italie; & Constantinople fut privée de ses richesses.

Le commerce même de l'intérieur se fit par les Latins. Les (1) Grecs nouvellement rétablis, & qui craignoient tout, voulurent se concilier les Génois, en leur accordant la liberté de trafiquer sans payer des droits: & les Vénitiens qui n'accepterent point de paix, mais quelques tréves, & qu'on ne voulut pas irriter, n'en payerent pas non plus.

Quoiqu'avant la prise de Constantinople, MANUEL COMNENE eût laissé tomber la Marine; cependant, comme le commerce subsistoit encore, on pouvoit facilement la rétablir: mais quand dans le nouvel Empire on l'eût abandonnée, le mal fut sans remede, parce que l'impuissance augmenta toujours.

(1) Cantacuzene, *l*. 4.

Cet Etat, qui dominoit sur plusieurs Isles, qui étoit partagé par la Mer, & qui en étoit environné en tant d'endroits, n'avoit point de vaisseaux pour y naviger. Les Provinces n'eurent plus de communication entre elles : on (1) obligea les Peuples de se réfugier plus avant dans les terres pour éviter les Pirates ; & quand ils l'eurent fait, on leur ordonna de se retirer dans les forteresses pour se sauver des Turcs.

Les Turcs faisoient pour lors aux Grecs une guerre singuliere : ils alloient proprement à la chasse des hommes ; ils traversoient quelquefois deux cent lieues de pays pour faire leurs ravages. Comme ils étoient (2) divisés sous plusieurs Sultans, on ne pouvoit pas par des présens faire la paix avec tous ; & il étoit inutile de la faire avec quelques-uns. Ils s'étoient faits Mahométans ; & le zèle pour leur Religion les engageoit merveilleusement à ravager les Terres des Chrétiens. D'ailleurs comme c'étoient les Peuples les (3) plus laids de la terre, leurs fem-

(1) Pachymere, *l.* 7.
(2) Cantacuzene, *l.* 3. *c.* 96. & Pachymere, *l.* 11. *c.* 9.
(3) Cela donna lieu à cette tradition du

mes étoient affreuses comme eux ; & dès qu'ils eurent vu des Grecques, ils n'en purent plus souffrir d'autres (1). Cela les porta à des enlévemens continuels. Enfin ils avoient été de tout temps adonnés aux brigandages ; & c'étoit ces mêmes (2) Huns qui avoient autrefois causé tant de maux à l'Empire Romain.

Les Turcs inondant tout ce qui restoit à l'Empire Grec en Asie, les habitans qui purent leur échaper fuirent devant eux jusqu'au Bosphore ; & ceux qui trouverent des vaisseaux se réfugierent dans la partie de l'Empire qui étoit en Europe ; ce qui augmenta con-

Nord rapportée par le Goth Jornandès, que Philimer, Roi des Goths, entrant dans les Terres Gétiques, y ayant trouvé des femmes sorcieres, il les chassa loin de son Armée ; qu'elles errerent dans les déserts, où des Démons incubes s'accouplerent avec elles, d'où vint la Nation des Huns. *Genus ferocissimum, quod fuit primùm inter paludes, minutum, tetrum atque exile, nec aliâ voce notum nisi quæ humani sermonis imaginem assignabat.*

(1) Michel Ducas, *Hist. de Jean Manuel, Jean & Constantin*, ch. 9. Constantin Porphyrogenete au commencement de son extrait des Ambassades, avertit que quand les Barbares viennent à Constantinople, les Romains doivent bien se garder de leur montrer la grandeur de leurs richesses, ni la beauté de leurs femmes.

(2) V. la troisieme note de la page précédente.

sidérablement le nombre de ses habitans : mais il diminua bien-tôt. Il y eut des guerres civiles si furieuses, que les deux factions appellèrent divers Sultans Turcs, sous cette (1) condition, aussi extravagante que barbare, que tous les habitans qu'ils prendroient dans les pays du parti contraire, seroient menés en esclavage : & chacun, dans la vue de ruiner ses Ennemis, concourut à détruire la Nation.

BAJAZET ayant soumis tous les autres Sultans, les Turcs auroient fait pour lors ce qu'ils firent depuis sous MAHOMET II, s'ils n'avoient pas été eux-mêmes sur le point d'être exterminés par les Tartares.

Je n'ai pas le courage de parler des miseres qui suivirent : je dirai seulement que, sous les derniers Empereurs, l'Empire, réduit aux fauxbourgs de Constantinople, finit comme le Rhin, qui n'est plus qu'un ruisseau lorsqu'il se perd dans l'Océan.

(1) Voyez l'Histoire des Empereurs Jean Paléologue & Jean Cantacuzene, écrite par Cantacuzene.

F I N.

TABLE
DES MATIERES.

A

Carnaniens, ravagés par la Macédoine & l'Etolie, *page* 53
Achaïens : Etat des affaires de ce Peuple, 52
Actium (Bataille d') gagnée par Auguste sur Antoine, 41
Acyndine & Barlaam : leur querelle contre les Moines Grecs, 274 & 275
Adresse (Définition de l') 16
Adrien (L'Empereur) abandonne les conquêtes de Trajan, 182
— On en murmure, 183
— Rétablit la discipline militaire, 196
Affranchissement des Esclaves : Auguste y met des bornes, 154
— Motifs qui les avoient rendus fréquens, 155 & 156
Afrique (Villes d') dépendantes des Carthaginois, mal fortifiées, 37
Agriculture (L') & la Guerre étoient les deux seules professions des Citoyens Romains, 113
Agrippa, Général d'Octave, vient à bout de Sextus-Pompée, 144

ALEXANDRE, Succeſſeur d'Heliogabale, tué par les Soldats Romains, 197

ALEXIS COMNENE : Evénemens arrivés ſous ſon Régne, 291

— & JEAN COMNENE repouſſent les Turcs juſqu'à l'Euphrate, 292

Allemagne : Ses forêts élaguées, ſes marais deſſéchés, 269

Allemands croiſés payent cher les fautes des Croiſés François, 293

Allié (Le titre d') du Peuple Romain très-recherché, quoiqu'il emportât avec ſoi un véritable eſclavage, 70

AMALASONTE, Reine des Goths, fournit des vivres à Beliſaire, 248

Ambaſſadeurs Romains parloient par-tout avec hauteur, 68

Ambition, mal très-commun dans l'Empire Grec : pourquoi, 263

Anarchie, régne à Rome pendant les Guerres civiles, 149

ANDRONIC PALE'OLOGUE abandonne la Marine : par quelle raiſon, 277 & 278

— Réponſe inſolente d'un Patriarche de Conſtantinople au vieux Andronic, 279 & 280

— Paſſe ſa vie à diſcuter des ſubtilités Théologiques, 282

ANDRONIC COMNENE : le Néron des Grecs, 288

Angleterre : Sageſſe de ſon Gouvernement, 100

ANNIBAL : à quoi il dût ſes victoires contre les Romains, 40

DES MATIERES.

ANNIBAL : Obstacles sans nombre qu'il eut à surmonter, 43

— Justifié du reproche qu'on lui fait communément de n'avoir point assiégé Rome immédiatement après la bataille, & d'avoir laissé amollir ses troupes à Capoue, 46

— Ce furent ses conquêtes même qui changerent sa fortune, 47

— Critique de l'Auteur sur la façon dont Tite-Live fait parler ce grand Capitaine, 48

— Réduit par Scipion à une guerre défensive. Il perd une bataille contre le Général Romain, 49

ANTIOCHUS : Sa mauvaise conduite dans la guerre qu'il fit aux Romains, 61

— Traité dés-honorant qu'il fit avec eux, 62

ANTOINE s'empare du Livre des Raisons de César, 136

— Fait l'Oraison funébre de César, 137

— Veut se faire donner le Gouvernement de la Gaule Cisalpine, au préjudice de Decimus-Brutus qui en est revêtu, 139

— Défait à Modéne, 141

— Se joint avec Lepide & Octave, ibid.

— & Octave poursuivent Brutus & Cassius, 142

— Jure de rétablir la République : perd la bataille d'Actium, 146

— Une troupe de Gladiateurs lui reste fidelle dans ses désastres, 147

ANTONINS (Les deux) Empereurs chéris & respectés, 185

TABLE

Appien, Historien des Guerres de Marius & de Sylla, 114

Appius Claudius distribue le menu Peuple de Rome dans les quatre Tribus de la Ville, 99

Arabes : Leurs conquêtes rapides, 266
— Etoient les meilleurs hommes de trait, 267
— Bons Cavaliers, 268
— Leurs divisions favorables à l'Empire d'Orient, 287
— Leur puissance détruite en Perse, 290

Arcadius fait alliance avec les Visigoths, 238

Archers Crétois, autrefois les plus estimés, 24

Arianisme étoit la Secte dominante des Barbares devenus Chrétiens, 243
— Secte qui domina quelque temps dans l'Empire, ibid.
— Quelle en étoit la doctrine, 261

Aristocratie, succéde dans Rome à la Monarchie, 90
— Se transforme peu à peu en Démocratie, 91

Armées Romaines n'étoient pas fort nombreuses, 21
— Les mieux disciplinées qu'il y eût, 22
— Navales autrefois plus nombreuses qu'elles ne le sont, 42
— Dans les Guerres civiles de Rome n'avoient aucun objet déterminé, 146
— Ne s'attachoient qu'à la fortune du Chef, 147

Armées : Sous les Empereurs exerçoient la Magistrature suprême, 200
— Dioclétien diminue leur puissance : par quels moyens, 203 *& suiv.*
— Les grandes Armées, tant de terre que de mer, plus embarrassantes, que propres à faire réussir une entreprise, 247

Armes. Les Soldats Romains se lassent de leurs Armes, 223
— Un Soldat Romain étoit puni de mort pour avoir abandonné ses Armes, 225

ARSENE & JOSEPH se disputent le Siége de Constantinople : Acharnement de leurs partisans, 282

Arts : Comment ils se sont introduits chez les différens Peuples, 26
— & Commerce étoient réputés chez les Romains des occupations serviles, 113

Asie, Région que n'ont jamais quittée le luxe & la mollesse, 61

Association de plusieurs Villes Grecques, 51
— De plusieurs Princes à l'Empire Romain, 199. & 203
— Regardée par les Chrétiens comme une des causes de l'affoiblissement de l'Empire, 228 & 229

Astrologie judiciaire, fort en vogue dans l'Empire Grec, 263

Athamanes, ravagés par la Macédoine & l'Etolie, 53

Athéniens : état de leurs affaires après les guerres Puniques, *ibid.*

ATTILA soumet tout le Nord, & rend les deux Empires tributaires, 231

ATTILA : Si ce fut par modération qu'il laiſſa ſubſiſter les Romains, 232
— Dans quel aſſerviſſement il tenoit les deux Empires, 233
— Son portrait, *ibid.* & 234
— Son union avec Genſeric, 238

Avares (Les) attaquent l'Empire d'Orient, 259 & 260

AUGUSTE, ſurnom d'Octave, 148
— Commence à établir une forme de Gouvernement nouvelle, *ibid.*
— Ses motifs ſecrets, & le plan de ſon Gouvernement, 150 & 151
— Paralléle de ſa conduite avec celle de Céſar, 151
— S'il a jamais eu véritablement le deſſein de ſe démettre de l'Empire, *ibid.*
— Paralléle d'Auguſte & de Sylla, 152
— Eſt très-reſervé à accorder le Droit de Bourgeoiſie, 154
— Met un Gouverneur & une Garniſon dans Rome, 156
— Aſſigne des fonds pour le payement des Troupes de terre & de mer, 157
— Avoit ôté au Peuple la puiſſance de faire des Loix, 162

AUGUSTIN (Saint) réfute la Lettre de Symmaque, 231

Autorité : il n'en eſt pas de plus abſolue que celle d'un Prince qui ſuccéde à une République, 174 & 175

BAJAZET

B

BAJAZET manque la conquête de l'Empire d'Orient : par quelle raison, 299
Baléares (Les) étoient estimés d'excellens Frondeurs, 24
Barbares devenus redoutables aux Romains, 200 & 234
— Incursions de Barbares sur les Terres de l'Empire Romain, sous Gallus, 201
— & sur celui d'Allemagne, qui lui a succédé, *ibid.*
— Rome les repousse, 203
— Leurs irruptions sous Constantius, 212
— Les Empereurs les éloignent quelquefois avec de l'argent, 217
— Epuisoient ainsi les richesses des Romains, 219
— Employés dans les Armées Romaines à titre d'Auxiliaires, 220
— Ne veulent pas se soumettre à la discipline Romaine, 225 & 226
— Obtiennent en Occident des terres aux extrémités de l'Empire, 239
— Auroient pu devenir Romains, 240
— S'entre-détruisent la plupart, 242
— En devenant Chrétiens embrassent l'Arianisme, 243
— Leur politiques, leurs mœurs, *ib.* & 244
— Différentes manieres de combattre des diverses Nations Barbares, 245
— Ce ne furent pas les plus forts qui firent les meilleurs établissemens, 246

TABLE

Barbares : une fois établis, en devenoient moins redoutables, 243 & 289

BARLAAM & ACYNDINE : leur querelle contre les Moines Grecs, 274 & 275

BASILE (L'Empereur) laisse perdre la Sicile par sa faute, 277

—— PORPHYROGENETE : Extinction de la puissance des Arabes en Perse sous son Régne, 290

Batailles navales dépendent plus à présent des gens de mer que des Soldats, 42

—— *Bataille* perdue, plus funeste par le découragement qu'elle occasionne, que par la perte réelle qu'elle cause, 45

BAUDOUIN, Comte de Flandres, couronné Empereur par les Latins, 294

BELISAIRE : à quoi il attribue ses succès, 245

—— Débarque en Afrique pour attaquer les Vandales, n'ayant que cinq mille Soldats, 247

—— Ses exploits & ses victoires. Portrait de ce Général, 248

Béotiens : portrait de ce Peuple, 52

Bigotisme énerve le courage des Grecs, 270

—— Effets contraires du Bigotisme & du Fanatisme, 271

Bithynie : origine de ce Royaume, 58

Bled (Distribution de) dans les siécles de la République & sous les Empereurs, 209

Bleus & *Verds* ; factions qui divisoient l'Empire d'Orient, 251

—— Justinien favorise les Bleus, 252

Bourgeoisie Romaine (Le Droit de) accordé à tous les Alliés de Rome, 104
— Inconvéniens qui en résultent, 105
Boussole (L'invention de la) a porté la Marine à une grande perfection, 41
Brigue, introduite à Rome, surtout pendant les Guerres civiles, 149
Brutus & Cassius font une faute funeste à la République, 126
— Se donnent tous deux la mort, 142
Butin : comment il se partageoit chez les Romains, 8

C

Caligula : portrait de cet Empereur : il rétablit les Comices, 167
— Supprime les accusations du crime de *Lèse-Majesté*, 168
— Bizarrerie dans sa cruauté, 172 & 173
— Il est tué : Claude lui succéde, 174
Callinique, inventeur du feu Grégeois, 287
Campanie : portrait des Peuples qui l'habitoient, 12
Cannes (Bataille de) perdue par les Romains contre les Carthaginois, 44
— Fermeté du Sénat Romain, malgré cette perte, 45
Capouans, Peuple oisif & voluptueux, 12
Cappadoce : origine de ce Royaume, 58
Caracalla : caractere & conduite de cet Empereur, 191
— Augmente la paye des Soldats, *ib.* & 192

CARACALLA met Géta son frere, qu'il a tué, au rang des Dieux, 195
—— Il y est mis aussi par l'Empereur Macrin, son Successeur & son meurtrier, *ibid.*
—— Effet des profusions de cet Empereur, 196
—— Les Soldats le regrettent, 197
Carthage : portrait de cette République, lors de la premiere Guerre Punique, 32
—— Paralléle de cette République avec celle de Rome, 33 & 34
—— N'avoit que des Soldats empruntés, 35
—— Son établissement moins solide que celui de Rome, 37
—— Sa mauvaise conduite dans la Guerre, *ibid.*
—— Son gouvernement, dur, 38
—— La fondation d'Alexandrie nuit à son Commerce, *ibid.*
—— Reçoit la paix des Romains après la seconde Guerre Punique à de dures conditions, 49
—— Une des causes de la ruine de cette République, 100
CASSIUS & BRUTUS font une faute funeste à la République, 126
CATON (Mot de) sur le premier Triumvirat, 122
—— Conseilloit, après la bataille de Pharsale, de traîner la Guerre en longueur, 126
—— Paralléle de Caton avec Ciceron, 140 & 141
Cavalerie Romaine, devenue aussi bonne qu'ancune autre, 23

Cavalerie Romaine : Lors de la Guerre contre les Carthaginois, elle étoit inférieure à celle de cette Nation, 39
—— Numide, passe au service des Romains, 40
—— N'étoit d'abord que l'onziéme partie de chaque Légion : multipliée dans la suite, 223
—— A moins besoin d'être disciplinée que l'Infanterie, 224
—— Romaine, exercée à tirer de l'arc, 245
—— d'Asie, étoit meilleure que celle d'Europe, 268
Censeurs : quel étoit le pouvoir de ces Magistrats ; 96 & *suiv.*
—— Ne pouvoient pas destituer un Magistrat, 98
—— Leurs fonctions par rapport au Cens, 99
Centuries. (Servius Tullius divise le Peuple Romain par) 98
CÉSAR (Paralléle de) avec Pompée & Crassus, 120 & *suiv.*
—— Donne du dessous à Pompée, 122
—— Ce qui le met en état d'entreprendre sur la liberté de sa Patrie, 123
—— Effraye autant Rome qu'avoit fait Annibal, 124
—— Ses grandes qualités firent plus pour son élévation que sa fortune tant vantée, 125
—— Poursuit Pompée en Gréce, *ibid.*
—— Si sa clémence mérite de grands éloges, 129
—— Si l'on a eu raison de vanter sa diligence, *ibid.*

TABLE

CÉSAR tente de se faire mettre le Diadême sur la tête, 130
— Méprise le Sénat, & fait lui-même des *Senatus-Consultes*, 131
— Conspiration contre lui, 132
— Si l'assassinat de César fut un vrai crime, 134
— Tous les actes qu'il avoit faits, confirmés par le Sénat après sa mort, 135
— Ses Obséques, 137
— Ses Conjurés finissent presque tous leur vie malheureusement, 144
— Paralléle de César avec Auguste, 151
— Extinction totale de sa maison, 176
Champ de Mars, 18
Change (Variations dans le) : on en tire des inductions, 265
Chemins publics, bien entretenus chez les Romains, 21
Chevaux : on en éleve en beaucoup d'endroits qui n'en avoient pas, 269
Chrétiens : Opinion où l'on étoit dans l'Empire Grec, qu'il ne falloit pas verser le sang des Chrétiens, 262
Christianisme : ce qui facilita son établissement dans l'Empire Romain, 190
— Les Païens le regardoient comme la cause de la chûte de l'Empire Romain, 229
— Fait place au Mahométisme dans une partie de l'Asie & de l'Afrique, 266
— Pourquoi Dieu permit qu'il s'éteignit dans tant d'endroits, *ibid.* & 267
CICÉRON (Conduite de) après la mort de César, 138

DES MATIERES. 311

CICERON travaille à l'élévation d'Octave, 139
— Paralléle de Ciceron avec Caton, 140. 141
Civiles (Les Guerres) de Rome n'empêchent point son aggrandissement, 127
—— En général elles rendent un Peuple plus belliqueux & plus formidables à ses voisins, *ibid* & 128
—— De deux sortes en France, 148
CLAUDE (L'Empereur) donne à ses Officiers le droit d'administrer la Justice, 174
Clémence (Si la) d'un Usurpateur heureux mérite de grands éloges, 129
CLÉOPATRE fuit à la bataille d'Actium, 146
— Avoit sans doute en vue de gagner le cœur d'Octave, 147
Colonies Romaines, 37
Comices, devenues tumultueuses, 106
Commerce : raisons pourquoi la puissance où il éleve une Nation n'est pas toujours de longue durée, 39
—— Commerce & Arts étoient réputés chez les Romains des occupations serviles, 113
COMMODE succede à Marc-Aurele, 185
COMNENE (Andronic) Voyez ANDRONIC.
— (Alexis) Voyez ALEXIS.
— (Jean) Voyez JEAN.
— (Manuel) Voyez MANUEL.
Conquêtes des Romains, lentes dans les commencemens, mais continues, 11
— Plus difficiles à conserver qu'à faire, 47
Conjuration contre César, 132
Conjurations fréquentes dans les commencemens du Régne d'Auguste, 134

Conspirations, devenues plus difficiles qu'elles ne l'étoient chez les Anciens : pourquoi, 265

CONSTANTIN transporte le Siége de l'Empire en Orient, 207

—— Diſtribue du bled à Conſtantinople & à Rome, 208

—— Retire les Légions Romaines, placées ſur les frontieres, dans l'intérieur des Provinces : Suites de cette innovation, 212

CONSTANT, petit-fils d'Héraclius par Conſtantin, tué en Sicile, 269

CONSTANTIN fils d'Héraclius, empoiſonné, *ibid.*

CONSTANTIN *le Barbu*, fils de Conſtant, ſuccéde à ſon pere, *ibid.*

Conſtantinople : ainſi nommée du nom de Conſtantin, 207

—— Diviſée en deux Factions, 251

—— Pouvoir immenſe de ſes Patriarches, 279

—— Se ſoutenoit, ſous les derniers Empereurs Grecs, par ſon Commerce, 288

—— Priſe par les Croiſés, 294

—— Repriſe par les Grecs, *ibid.*

—— Son Commerce ruiné, 295

CONSTANTIUS envoye Julien dans les Gaules, 212

Conſuls, annuels : leur établiſſement à Rome, 7

CORIOLAN : ſur quel ton le Sénat traite avec lui, 44

Courage guerrier : ſa définition, 22

Croiſades,

DES MATIERES. 313

Croisades, 291 & suiv.

Croisés, font la guerre aux Grecs, & couronnent Empereur le Comte de Flandres, 294

—— Possèdent Constantinople pendant 60 ans, 295

Cynocéphales (Journée des) où Philippe est vaincu par les Etoliens unis aux Romains, 56

D

Danoises (Les troupes de terre) presque toujours battues par celles de Suede, depuis près de deux siécles, 222

Danse : chez les Romains n'étoit point un exercice étranger à l'Art Militaire, 18

Décadence de la Grandeur Romaine : Ses causes, 101 & suiv.

1. Les Guerres dans les pays lointains, 102
2. La concession du Droit de Bourgeoisie Romaine à tous les Alliés, 103
3. L'insuffisance de ses Loix dans son état de grandeur, 108
4. Dépravations des mœurs, 110
5. L'abolition des Triomphes, 153
6. Invasion des Barbares dans l'Empire, 200 & 234
7. Troupes de Barbares auxiliaires incorporés en trop grand nombre dans les Armées Romaines, 220

—— Comparaison des causes générales de la Grandeur de Rome, avec celles de sa Décadence, 224

Décadence de Rome : Imputée par les Chrétiens aux Païens ; & par ceux-ci aux Chrétiens, 228

Décemvirs, préjudiciables à l'aggrandissement de Rome, 13

Deniers (Distributions de) par les Triomphateurs, 178

Dénombrement des Habitans de Rome, comparé avec celui qui fut fait par Démétrius de ceux d'Athenes, 27

— On en infere quelles étoient lors de ces dénombremens les forces de l'une & l'autre Ville, 28

Désertions : Pourquoi elles sont communes dans nos Armées ; pourquoi elles étoient rares dans celles des Romains, 21

Despotique : S'il y a une Puissance qui le soit à tous égards, 284

Despotisme, opere plutôt l'oppression des Sujets, que leur union, 107

Dictature : Son établissement, 94

DIOCLE'TIEN introduit l'usage d'associer plusieurs Princes à l'Empire, 203

Discipline militaire : Les Romains réparoient leurs pertes, en la rétablissant dans toute sa vigueur, 19

— Adrien la rétablit ; Severe la laisse se relâcher, 196

— Plusieurs Empereurs massacrés, pour avoir tenté de la rétablir, 197

— Tout-à-fait anéantie chez les Romains, 223

— Les Barbares incorporés dans les Armées Romaines ne veulent pas s'y soumettre, 225 & 226

Discipline militaire : Comparaison de son ancienne rigidité, avec son relâchement, 226
Disputes, naturelles aux Grecs, 280
— Opiniâtres en matiere de Religion, 281
— Quels égards elles méritent de la part des Souverains, 283
Divination par l'eau d'un bassin, en usage dans l'Empire Grec, 263
Divisions : S'appaisent plus aisément dans un Etat Monarchique que dans un Républicain, 33
— Dans Rome, 90 & *suiv.*
Domitien (L'Empereur) monstre de cruauté, 179
Drusille, L'Empereur Caligula, son frere, lui fait décerner les honneurs divins, 173
Duillius (Le Consul) gagne une bataille navale sur les Carthaginois, 43
Duronius (Le Tribun M.) chassé du Sénat : pourquoi, 97

E

*E*cole militaire des Romains, 18
Egypte : Idée du Gouvernement de ce Royaume après la mort d'Alexandre, 60
— Mauvaise conduite de ses Rois, 63
— En quoi consistoient leurs principales forces, 64
— Les Romains les privent des Troupes auxiliaires qu'ils tiroient de la Gréce, 65
— Conquise par Auguste, 209

Dd 2

TABLE

Empereurs Romains étoient Chefs nés des Armées, 154
— Leur puissance grossit par dégrés, 159
— Les plus cruels n'étoient point haïs du bas Peuple : pourquoi, 171
— Etoient proclamés par les Armées Romaines, 175
— Inconvénient de cette forme d'élection, ibid. & 176
— Tâchent en vain de faire respecter l'autorité du Sénat, 177
— Successeurs de Néron, jusqu'à Vespasien, 178
— Leur puissance pouvoit paroître plus tyrannique que celle des Princes de nos jours : pourquoi, 186
— Souvent Etrangers : pourquoi, 189
— Meurtres de plusieurs Empereurs de suite, depuis Alexandre jusqu'à Dece inclusivement, 198
— Qui rétablissent l'Empire chancellant, 203
— Leur vie commence à être plus en sûreté, 205
— Menent une vie plus molle & moins appliquée aux affaires, ibid.
— Veulent se faire adorer, 206
— Peints de différentes couleurs, suivant les passions de leurs Historiens, 213
— Plusieurs Empereurs Grecs haïs de leurs Sujets pour cause de Religion, 262
— Dispositions des Peuples à leur égard, 264
— Réveillent les disputes Théologiques, au lieu de les assoupir, 283

Empreurs : Laissent tout-à-fait périr la Marine, 295
Empire Romain : Son établissement, 154 & suiv.
— Comparé au gouvernement d'Alger, 198
— Inondé par divers Peuples Barbares, 200
— Les repousse, & s'en débarrasse, 203
— Association de plusieurs Princes à l'Empire, 199. 203
— Partage de l'Empire, 207
— d'Orient. Voyez *Orient*.
— d'Occident. Voyez *Occident*.
— Grec. Voyez *Grec*.
— Ne fut jamais plus foible que dans le temps que ses frontieres étoient le mieux fortifiées, 256. 257
— Des Turcs. Voyez *Turcs*.
Entreprises (Les grandes) plus difficiles à mener parmi nous que chez les Anciens : pourquoi, 264
Epée : Les Romains quittent la leur, pour en prendre à l'Espagnole, 23
Epicurisme, introduit à Rome sur la fin de la République, y produit la corruption des mœurs, 110
Eques, Peuple belliqueux, 12
Espagnols modernes : comment ils auroient dû se conduire dans la conquête du Mexique, 83
Etoliens : Portrait de ce Peuple, 52
— S'unissent avec les Romains contre Philippe, 56
— S'unissent avec Antiochus contre les Romains, 58

EUTICHE's, Hérésiarque : quelle étoit sa doctrine, 261

Exemples : Il y en a de mauvais, d'une plus dangereuse conséquence que les crimes, 96

Exercices du corps, avilis parmi nous, quoique très-utiles, 18

F

*F*Autes que commettent ceux qui gouvernent, sont quelquefois des effets nécessaires de la situation des affaires, 219

Femmes (Par quel motif la pluralité des) est en usage en Orient, 250

Festins : Loi qui en bornoit les dépenses à Rome, abrogée par le Tribun Duronius, 97

Feu Grégeois. Défense par les Empereurs Grecs d'en donner la connoissance aux Barbares, 287

Fiefs (Si les Loix des) sont par elles-mêmes préjudiciables à la durée d'un Empire, 84

Flottes, portoient autrefois un bien plus grand nombre de Soldats qu'à présent : pourquoi, 42

—— Une Flotte en état de tenir la mer, ne se fait pas en peu de temps, 43

Fortune : Ce n'est pas elle qui décide du sort des Empires, 222

François (Croisés) : leur mauvaise conduite en Orient, 292. 293

DES MATIERES.

Frise & *Hollande*, n'étoient autrefois, ni habitées, ni habitables, 268
Frondeurs Baléares, autrefois les plus estimés, 24
Frontieres de l'Empire fortifiées par Justinien, 256

G

Gabinius vient demander le Triomphe, après une Guerre qu'il a entreprise malgré le Peuple, 150
Galba (L'Empereur) ne tient l'Empire que peu de temps, 178
Gallus : Incursions de Barbares sur les terres de l'Empire, sous son Régne, 201
— Pourquoi ils ne s'y établirent pas alors, 235
Gaule (Gouvernement de la) tant Cisalpine que Transalpine, confié à César, 123
Gaulois : Paralléle de ce Peuple avec les Romains, 30
Généraux des Armées Romaines : causes de l'accroissement de leur autorité, 102
Genseric, Roi des Vandales, 238
Germanicus : Le Peuple Romain le pleure, 166
Gladiateurs : on en donnoit le spectacle aux Soldats Romains, pour les accoutumer à voir couler le sang, 23
Gordiens (Les Empereurs) sont assassinés tous les trois, 198
Goths, reçus par Valens sur les terres de l'Empire, 215

TABLE

Gouvernement libre : quel il doit être pour se pouvoir maintenir, 100
—— de Rome : Son excellence, en ce qu'il contenoit dans son système les moyens de corriger les abus, 99
—— Militaire : S'il est préférable au Civil, 185
—— Inconvéniens d'en changer la forme totalement, 211
Grandeur des Romains : causes de son accroissement, 1 *& suiv.*
  1. Les Triomphes, 3
  2. L'adoption qu'ils faisoient des usages étrangers qu'ils jugeoient préférables aux leurs, *ibid.*
  3. La capacité de ses Rois, 4
  4. L'intérêt qu'avoient les Consuls de se conduire en gens d'honneur pendant leur Consulat, 7
  5. La distribution du Butin aux Soldats, & des Terres conquises aux Citoyens, 8 & 9
  6. Continuité de Guerre, 11
  7. Leur constance à toute épreuve, qui les préservoit du découragement, 44
  8. Leur habileté à détruire leurs Ennemis les uns par les autres, 66
  9. L'excellence du Gouvernement, dont le plan fournissoit les moyens de corriger les abus, 99
—— De Rome, est la vraie cause de sa ruine, 106
—— Comparaison des causes générales de son accroissement avec celles de sa décadence, 224

Gravûre : Utilité de cet Art pour les Cartes géographiques, 265
Grec (Empire) : quels sortes d'événemens offre son Histoire, 260
— Héréfies fréquentes dans cet Empire, 261
— Envahi en grande partie par les Latins croisés, 294
— Repris par les Grecs, *ibid.*
— Par quelles voies il se soutint encore après l'échec qu'y ont donné les Latins, 295
— Chûte totale de cet Empire, 298
Gréce (Etat de la) après la conquête de Carthage par les Romains, 53 & 54
— Grande Gréce : Portrait des Habitans qui la peuploient, 12
Grecques (Villes) : Les Romains les rendent indépendantes des Princes à qui elles avoient appartenu, 57
— Affujetties par les Romains à ne faire fans leur confentement ni guerres, ni alliances, 65
— Mettent leur confiance dans Mithridate, 86
Grecs : ne paffoient pas pour religieux obfervateurs du ferment, 110
— Nation la plus ennemie des Hérétiques qu'il y eût, 261
— Empereurs Grecs, haïs de leurs Sujets pour caufe de Religion, 262
— Ne cefferent d'embrouiller la Religion par des controverfes, 278
Guerres perpétuelles fous les Rois de Rome, 4

Guerres, agréables au Peuple, par le profit qu'il en retiroit, 8
—— Avec quelle vivacité les Consuls Romains la faisoient, 9
—— Presque continuelle aussi sous les Consuls, *ibid.*
—— Effets de cette continuité, *ibid.*
—— Peu décisives dans les commencemens de Rome : pourquoi, 11
—— Punique (premiere) 32
—— (seconde) 43
—— Elle est terminée par une paix faite à des conditions bien dures pour les Carthaginois, 49
—— La Guerre & l'Agriculture étoient les deux seules professions des Citoyens Romains, 114
—— De Marius & de Sylla, *ibid.*
—— Quel en étoit le principal motif, *ibid.*
Guerrieres (Les vertus) resterent à Rome après qu'on eut perdu toutes les autres, 114

H.

HELIOGABALE veut substituer ses Dieux à ceux de Rome, 189
—— Est tué par les Soldats, 197
HÉRACLIUS fait mourir Phocas, & se met en possession de l'Empire, 266
Herniques, Peuple belliqueux, 12
Histoire Romaine, moins fournie de faits depuis les Empereurs : par quelle raison, 158

DES MATIERES.

Hollande & Frise, n'étoient autrefois ni habitées, ni habitables, 268
HOMERE justifié contre les Censeurs, qui lui reprochent d'avoir loué ses Héros de leur force, de leur adresse, ou de leur agilité, 19
Honneurs divins : Quelques Empereurs se les arrogent par des Edits formels, 206
HONORIUS, obligé d'abandonner Rome, & de s'enfuir à Ravenne, 238
Huns (Les) passent le Bosphore Cymmérien, 214
—— Servent les Romains en qualité d'Auxiliaires, 245

I

Iconoclastes, font la guerre aux Images, 273
—— Accusés de Magie par les Moines, *ibid.*
JEAN & ALEXIS COMNENE rechassent les Turcs jusqu'à l'Euphrate, 292
Ignorance profonde où le Clergé Grec plongeoit les Laïques, 275
Illyrie (Rois d') extrémement abbattus par les Romains, 53
Images (Culte des) poussé à un excès ridicule sous les Empereurs Grecs, 271
—— Effets de ce Culte superstitieux, 272
—— Les Iconoclastes déclament contre ce Culte, 273
—— Quelques Empereurs l'abolissent : l'Impératrice Théodora le rétablit, 275

Impériaux (Ornemens) plus respectés chez les Grecs, que la personne même de l'Empereur, 262

IMPRIMERIE: lumieres qu'elle a répandues par tout, 265

Infanterie : Dans les Armées Romaines étoit, par rapport à la Cavalerie, comme de dix à un : Il arrive par la suite tout le contraire, 223

Invasions des Barbares du Nord dans l'Empire, 200 & 234

— Causes de ces invasions, 200 & *suiv.*

— Pourquoi il ne s'en fait plus de pareilles, 201 & 202

JOSEPH & ARSENE se disputent le Siége de Constantinople : opiniâtreté de leurs partisans, 282

Italie : Portrait de ses divers Habitans, lors de la naissance de Rome, 12

— Dépeuplée par le transport du Siége de l'Empire en Orient, 208

— L'Or & l'Argent y deviennent très-rares, 210

— Cependant les Empereurs en exigent toujours les mêmes tributs, 211

— L'Armée d'Italie s'approprie le tiers de cette Région, 240

JUGURTHA : Les Romains le somment de se livrer lui-même à leur discrétion, 79

JULIEN (DIDIUS) proclamé Empereur par les Soldats, est ensuite abandonné, 186

JULIEN (L'Empereur) homme simple & modeste, 207

DES MATIERES.

JULIEN : Service que ce Prince rendit à l'Empire sous Constantius, 212
— Son Armée poursuivie par les Arabes : pourquoi, 218

Jurisprudence : Ses variations sous le seul Régne de Justinien, 253
— D'où pouvoient provenir ces variations, 254

Justice (Le droit de rendre la) confié par l'Empereur Claude à ses Officiers, 174

JUSTINIEN (L'Empereur) entreprend de reconquérir sur les Barbares l'Afrique & l'Italie, 243
— Emploie utilement les Huns, 245
— Ne peut équipper contre les Vandales que 50 Vaisseaux, 247
— Tableau de son Régne, 249
— Ses conquêtes ne font qu'affoiblir l'Empire, 250
— Epouse une femme prostituée : empire qu'elle prend sur lui, *ibid.*
— Idée que nous en donne Procope, 253
— Dessein imprudent qu'il conçut d'exterminer tous les Hétérodoxes, 254
— Divisé de sentimens avec l'Impératrice, 255
— Fait construire une prodigieuse quantité de Forts, 256

K

KOULI-KAN : Sa conduite à l'égard de ses Soldats, après la conquête des Indes, 47

L

LAcédémone : état des affaires de cette République, après la défaite entiere des Carthaginois par les Romains, 52

Latines (Villes) Colonies d'Albe : par qui fondées, 12

Latins, Peuple belliqueux, *ibid.*

Latins croisés. Voyez *Croisés.*

Légion Romaine : comment elle étoit armée, 15

—— Comparée avec la Phalange Macédonienne, 56

—— 47 Légions établies par Sylla dans divers endroits de l'Italie, 117

—— Celles d'Asie toujours vaincues par celles d'Europe, 188

—— Levées dans les Provinces : ce qui s'en ensuivit, 189

—— Retirées par Constantin des bords des grands Fleuves dans l'intérieur des Provinces : mauvaises suites de ce changement, 216

Leon : Son entreprise contre les Vandales échoue, 247

Leon, Successeur de Basile, perd par sa faute la Tauroménie, & l'Isle de Lemnos, 277

Lépide paroît en armes dans la Place publique de Rome, 235

—— L'un des membres du second Triumvirat, 141

—— Exclus du Triumvirat par Octave, 145

DES MATIERES.

Ligues contre les Romains, rares : pourquoi, 67

Limites, posées par la nature même à certains Etats, 59 & 60

Livius (Le Censeur M.) nota 34 Tribus tout à la fois, 97

Loix : n'ont jamais plus de force, que quand elles secondent la passion dominante de la Nation pour qui elles sont faites, 35

— De Rome, ne purent prévenir sa perte : pourquoi, 108

— Plus propres à son aggrandissement, qu'à sa conservation, 109

Lucrece, violée par Sextus Tarquin : suite de cet attentat, 5

— Ce viol est pourtant moins la cause, que l'occasion de l'expulsion de ses Rois, *ibid.*

Lucullus chasse Mithridate de l'Asie, 88

M

Macédoine, & *Macédoniens* : situation du Pays ; caractere de la Nation & de ses Rois, 54

Macédoniens (Secte des) : quelle étoit leur doctrine, 261

Machines de guerre, ignorées en Italie, dans les premieres années de Rome, 10

Magistratures Romaines : comment, à qui, par qui, & pour quel temps elles se conféroient, lors de la République, 118

— Par quelles voies elles s'obtinrent sous les Empereurs, 163

MAHOMET : Sa Religion & son Empire font des progrès rapides, 266

MAHOMET, fils de Sambraël, appelle 3000 Turcs en Perse, 290

—— perd la Perse, 291

MAHOMET II. éteint l'Empire d'Orient, 298

Majesté (Loi de) son objet : application qu'en fait Tibere, 159

—— Crime de *Lèse-Majesté* étoit, sous cet Empereur, le crime de ceux à qui on n'en avoit point à imputer, 164

—— Si cependant les accusations fondées sur cette imputation étoient toutes aussi frivoles qu'elles nous le paroissent, 165

—— Accusations de ce crime supprimées par Caligula, 168

Maladies de l'esprit, pour l'ordinaire incurables, 263

Malheureux (Les hommes les plus) ne laissent pas d'être encore susceptibles de craintes, 166

MANLIUS fait mourir son fils, pour avoir vaincu sans son ordre, 19

MANUEL COMNENE (L'Empereur) néglige la Marine, 295

MARC-AURELE : Eloge de cet Empereur, 184

Marches des Armées Romaines, promptes & rapides, 21

MARCUS : Ses représentations aux Romains, sur ce qu'ils faisoient dépendre de Pompée toutes leurs ressources, 119

Marine des Carthaginois, meilleure que celle des Romains ; l'une & l'autre assez mauvaises, 40

Marine,

DES MATIERES.

Marine, perfectionnée par l'invention de la Boussole, 41
MARIUS détourne des fleuves dans son expédition contre les Cimbres & les Teutons, 20
—— Rival de Sylla, 114
Mars (Champ de) 18
MASSINISSE tenoit son Royaume des Romains, 70
—— Protégé par les Romains, pour tenir les Carthaginois en respect, 50
—— & pour subjuguer Philippe & Antiochus, 74
MAURICE (L'Empereur) & ses enfans, mis à mort par Phocas, 260
METELLUS rétablit la Discipline militaire, 20
Meurtres & confiscations : pourquoi moins communes parmi nous que sous les Empereurs Romains, 170
MICHEL PALE'OLOGUE : plan de son gouvernement, 278. 279
Milice Romaine, 101
—— A charge à l'Etat, 219
Militaire (Art) se perfectionne chez les Romains, 13
—— Application continuelle des Romains à cet Art, 24
—— Si le Gouvernement Militaire est préférable au Civil, 185
MITHRIDATE, le seul Roi qui se soit défendu avec courage contre les Romains, 85
—— Situation de ses Etats, ses forces, sa conduite, *ibid. & suiv.*

E e

MITHRIDATE crée des Légions, 86
—— Les diffentions des Romains, lui donnent le temps de se disposer à leur nuire, *ibid.*
—— Ses Guerres contre les Romains intéressantes, par le grand nombre de révolutions dont elles présentent le Spectacle, 87
—— Vaincu à plusieurs reprises, 88
—— Trahi par son fils Maccharès, *ibid.*
—— & par Pharnace, son autre fils, 89
—— Il meurt en Roi, *ibid.*
Mœurs Romaines dépravées, par l'Epicurisme, 110
—— Par la richesse des Particuliers, 112
Moines Grecs, accusent les Iconoclastes de Magie, 273
—— Pourquoi ils prenoient un intérêt si vif au Culte des Images, 274
—— Abusent le Peuple, & oppriment le Clergé Séculier, 276
—— S'immiscent dans les affaires du siécle, *ibid.* & 277
—— Suites de ces abus, *ibid.*
—— Se gâtoient à la Cour, & gâtoient la Cour eux-mêmes, 278
Monarchie Romaine, remplacée par un Gouvernement Aristocratique, 90
Monarchique (Etat) sujet à moins d'inconvéniens, même quand les loix fondamentales en sont violées, que l'Etat Républicain en pareil cas, 32
—— Les divisions s'y appaisent plus aisément, 33

DES MATIERES.

Monarchique (Etat) excite moins l'ambitieuse jalousie des particuliers, 91
Monothélites, Hérétiques : quelle étoit leur doctrine, 261
Multitude (La) fait la force de nos Armées : la force des Soldats faisoit celle des Armées Romaines, 22

N

Narse's (L'Eunuque) favori de Justinien, 249
Nations (Ressources de quelques) d'Europe, foibles par elles-mêmes, 289
Négocians, ont quelque part dans les affaires d'Etat, 265
Neron, distribue de l'argent aux Troupes, même en paix, 178
Nerva (L'Empereur) adopte Trajan, 179
Nestorianisme : quelle étoit la Doctrine de cette Secte, 261
Nobles (Les) de Rome, ne se laissent pas entamer par le bas Peuple, comme les Patriciens, 95
—— Comment s'introduisit dans les Gaules la distinction de Nobles & de Roturiers, 227. 228
Nord (Invasions des Peuples du) dans l'Empire. Voyez *Invasions*.
Normands (Anciens) comparés aux Barbares qui désolerent l'Empire Romain, 235
Numide (Cavalerie) autrefois la plus renommée, 24

Numide : Des corps de Cavalerie Numide passent au service des Romains, 40

Numidie : Les Soldats Romains y passent sous le joug, 20

O

Occident (Pourquoi l'Empire d') fut le premier abbattu, 237
— Point secouru par celui d'Orient, 238
— Les Visigoths l'inondent, *ibid.*
— Trait de bonne politique de la part de ceux qui le gouvernoient, 239
— Sa chûte totale, 241

Octave flate Ciceron, & le consulte, 140
— Le Sénat se met en devoir de l'abaisser, 141
— & Antoine, poursuivent Brutus & Cassius, 142
— Défait Sextus Pompée, 144
— Exclut Lépide du Triumvirat, 145
— Gagne l'affection des Soldats, sans être brave, *ibid.*
— Surnommé Auguste. Voyez Auguste.

Odenat, Prince de Palmyre, chasse les Perses de l'Asie, 202

Odoacer, porte le dernier coup à l'Empire d'Occident, 240

Oppression totale de Rome, 128

Ops (Temple d') : César y avoit déposé des sommes immenses, 137

Orient (Etat de l') lors de la défaite entiere des Carthaginois, 50 *& suiv.*

Orient : Cet Empire subsiste encore après celui d'Occident : pourquoi, 237. 238
—— Les Conquêtes de Justinien ne font qu'avancer sa perte, 250
—— Pourquoi de tout temps la pluralité des femmes y a été en usage, *ibid.*
—— Pourquoi il subsista si long-temps après celui d'Occident, 286
—— Ce qui le soutenoit, malgré la foiblesse de son Gouvernement, 289
—— Chûte totale de cet Empire, 298
Orose répond à la Lettre de Symmaque, 230
Osroéniens, excellens hommes de trait, 267
Othon (L'Empereur) ne tient l'Empire que peu de temps, 178

P

*P*aix ; ne s'achette point avec de l'argent : pourquoi, 217
—— Inconvéniens d'une conduite contraire à cette maxime, 218
Partage de l'Empire Romain, 207
—— En cause la ruine : pourquoi, 211
Parthes ; vainqueurs de Rome : pourquoi, 60
—— Guerre contre les Parthes, projettée par César, 136
—— Exécutée par Trajan, 180
—— Difficultés de cette Guerre, *ibid. & suiv.*
—— Apprennent des Romains réfugiés, sous Severe, l'Art militaire, & s'en servent dans la suite contre Rome, 188

Patriarches de Constantinople : leur pouvoir immense, 279
—— Souvent chassés de leur Siége par les Empereurs, 280
Patriciens : leur prééminence, 90
—— A quoi le temps la réduisit, 95
Patrie (L'amour de la) étoit, chez les Romains, une espéce de sentiment religieux, 112
Paye. En quel temps les Romains commencerent à l'accorder aux Soldats, 13
—— Quelle elle étoit dans les différens gouvernemens de Rome, 192. 193
Peines contre les Soldats lâches, renouvellées par les Empereurs Julien & Valentinien, 225
Pergame : origine de ce Royaume, 58
Perses, enlevent la Syrie aux Romains, 201
—— Prennent Valérien prisonnier, 202
—— Odenat, Prince de Palmyre, les chasse de l'Asie, *ibid.*
—— Situation avantageuse de leur pays, 257
—— N'avoient de Guerres que contre les Romains, 258
—— Aussi bons Négociateurs que bons Soldats, 259
PERTINAX (L'Empereur) succéde à Commode, 185
Peuple de Rome veut partager l'autorité du Gouvernement, 91
—— Sa retraite sur le Mont Sacré, 92
—— Obtient des Tribuns, 93
—— Devenu trop nombreux ; on en tiroit des Colonies, 156

DES MATIERES. 339

Peuple de Rome perd, sous Auguste, le pouvoir de faire des Loix, 162
— & sous Tibere, celui d'élire les Magistrats, *ibid.*
— Caractere du bas Peuple sous les Empereurs, 171
— Abastardissement du Peuple Romain sous les Empereurs, 175

Phalange Macédonienne, comparée avec la Légion Romaine, 56

Pharsale (Bataille de) 126

PHILIPPE de Macédoine donne de foibles secours aux Carthaginois, 50
— Sa conduite avec ses Alliés, 55
— Les succès des Romains contre lui les ménent à la conquête générale, 57

PHILIPPE, un des successeurs du précédent, s'unit avec les Romains contre Antiochus, 61. 62

PHILIPPICUS: Trait de Bigotisme de ce Général, 270

PHOCAS (l'Empereur) substitué à Maurice, 260
— Héraclius, venu d'Afrique, le fait mourir, 266

Pillage, le seul moyen que les anciens Romains eussent pour s'enrichir, 8

PLAUTIEN, favori de l'Empereur Severe, 187

Plébéïens, admis aux Magistratures, 93
— Leurs égards forcés pour les Patriciens, 94
— Distinction entre ces deux Ordres, abolie par le temps, 95

POMPE'E, loué par Salluste, pour sa force & son adresse, 19
— Ses immenses conquêtes, 89
— Par quelles voies il gagne l'affection du Peuple, 118
— Avec quel étonnant succès il y réussit, 119
— Maître d'opprimer la liberté de Rome, il s'en abstient deux fois, 120
— Paralléle de Pompée avec César, *ibid.*
— Corrompt le Peuple par argent, 121
— Aspire à la Dictature, *ibid.*
— Se ligue avec César & Crassus, *ibid.*
— Ce qui cause sa perte, 122
— Son foible, de vouloir être applaudi en tout, 125
— Défait à Pharsale, se retire en Afrique, 126

POMPE'E (SEXTUS) fait tête à Octave, 144

Porphyrogénete : Signification de ce nom, 261

Poste : Un Soldat Romain étoit puni de mort, pour avoir abandonné son poste, 225

Postes : leur utilité, 264

Prédictions (Faiseurs de) très-communs sur la fin de l'Empire Grec, 263

Préfets du Prétoire, comparés aux grands Visirs, 204

PROCOPE : créance qu'il mérite dans son Histoire secrette du Régne de Justinien, 253

Proscriptions Romaines, enrichissent les Etats de Mithridate de beaucoup de Romains réfugiés, 85

Proscriptions

DES MATIERES. 337

Proscriptions, inventées par Sylla, 116
— Pratiquées par les Empereurs, 187
— Effet de celles de Severe, *ibid.* & 188
PTOLOMÉES (Trésors des) apportés à Rome : quels effets ils y produisirent, 209
Puissance Romaine : Tradition à ce sujet, 183
— *Ecclésiastique & Séculiere :* distinction entre l'une & l'autre, 285
— Les anciens Romains connoissoient cette distinction, *ibid.*
Punique (Guerre) : la premiere, 32
— La seconde, 43
— Elle est terminée par une paix faite à des conditions bien dures pour les Carthaginois, 49
PYRRHUS : Les Romains tirent de lui des leçons sur l'Art militaire : Portrait de ce Prince, 31

R

REgille (Lac) : Victoire remportée sur les Latins par les Romains près de ce Lac : fruits qu'ils tirerent de cette victoire, 83
REGULUS, battu par les Carthaginois dans la premiere Guerre Punique, 39
Religion Chrétienne : ce qui lui donna la facilité de s'établir dans l'Empire Romain, 190
Reliques (Culte des), poussé à un excès ridicule dans l'Empire Grec, 271

F f

TABLE

Reliques (Culte des): Effets de ce culte superstitieux, 272

République: quel doit être son plan de Gouvernement, 103

—— N'est pas vraiment libre, si l'on n'y voit pas arriver des divisions, 107

—— N'y rendre aucun Citoyen trop puissant, 120

—— *Romaine*: Son entiere oppression, 128

—— Consternation des premiers hommes de la République, 132

—— Sans liberté, même après la mort du Tyran, 135

Républiques d'Italie: vices de leur Gouvernement, 100

Rois de Rome: leur expulsion, 7

—— Ce qui rendit tous les Rois sujets de Rome, 86

Romains, religieux observateurs du serment, 8 & 110

—— Leur habileté dans l'Art militaire: comment ils l'acquirent, 9 & 10

—— Les anciens Romains regardoient l'Art militaire comme l'Art unique, 15

—— Soldats Romains, d'une force plus qu'humaine, 16

—— Comment on les formoit, 17

—— Pourquoi on les saignoit, quand ils avoient fait quelques fautes, 20

—— Plus sains & moins maladifs que les nôtres, *ibid.*

—— Se défendoient avec leurs armes contre toute autre sorte d'armes, 23

DES MATIERES.

Romains: Leur application continuelle à la Science de la Guerre, 24
— Comparaison des anciens Romains avec les Peuples d'à-présent, ibid.
— Paralléle des anciens Romains avec les Gaulois, 30
— N'alloient point chercher des Soldats chez leurs voisins, 35
— Leur conduite à l'égard de leurs Ennemis & de leurs Alliés, 67
— Ne faisoient jamais la paix de bonne foi, 68
— Etablirent comme une Loi, qu'aucun Roi d'Asie n'entrât en Europe, 73
— Leurs maximes de politique constamment gardées dans tous les temps, 74
— Une de leurs principales étoit de diviser les Puissances alliées, ibid.
— Empire qu'ils exerçoient, même sur les Rois, 76
— Ne faisoient point de Guerres éloignées, sans y être secondés par un Allié voisin de l'Ennemi, ibid.
— Interprétoient les Traités avec subtilité, pour les tourner à leur avantage, 77
— Ne se croyoient point liés par les Traités que la nécessité avoit forcé leurs Généraux de souscrire, 78
— Inféroient, dans leurs Traités avec les vaincus, des conditions impraticables, pour se ménager les occasions de recommencer la Guerre, ibid.
— S'érigeoient en Juges des Rois même, 79
— Dépouilloient les vaincus de tout, ibid.

TABLE

Romains : Comment ils faisoient arriver à Rome l'or & l'argent de tout l'Univers, 80

— Respect qu'ils imprimerent à toute la terre, 81

— Ne s'approprioient pas d'abord les pays qu'ils avoient soumis, 82

— Devenus moins fidéles à leurs sermens, 111

— L'amour de la Patrie étoit chez eux une sorte de sentiment religieux, 112

— Conservent leur valeur, au sein même de la mollesse & de la volupté, 113

— Regardoient les Arts & le Commerce comme des occupations d'Esclaves, *ibid.*

— La plupart d'origine servile, 155

— Pleurent Germanicus, 166

— Rendus féroces par leur éducation & leurs usages, 169

— Toute leur puissance aboutit à devenir les esclaves d'un Maître barbare, 173

— Appauvris par les Barbares qui les environnoient, 219

— Devenus maîtres du monde, par leurs maximes de politique ; déchus, pour en avoir changé, 221

— Se lassent de leurs armes, & les changent, 223

— Soldats Romains, mêlés avec les Barbares, contractent l'esprit d'indépendance de ceux-ci, 226

— Accablés de Tributs, 227

Rome naissante, comparée avec les Villes de la Crimée, 1

DES MATIERES.

Rome : mal construite d'abord, sans ordre & sans symmétrie, 2
— Son union avec les Sabins, 3 & 13
— Adopte les usages étrangers qui lui paroissent préférables aux siens, 3
— Ne s'aggrandit d'abord que lentement, 11
— Se perfectionne dans l'Art militaire, 13
— Nouveaux Ennemis qui se liguent contre elle, 14
— Prise par les Gaulois, ne perd rien de ses forces, *ibid.*
— La Ville de Rome seule fournit dix Légions contre les Latins, 29
— Etat de Rome, lors de la premiere Guerre Punique, 33
— Paralléle de cette République avec celle de Carthage, *ibid.*
— Etat de ses forces lors de la seconde Guerre Punique, 36
— Sa constance prodigieuse, malgré les échecs qu'elle reçut dans cette Guerre, 44
— Etoit comme la tête qui commandoit à tous les Etats ou Peuples de l'Univers, 83
— N'empêchoit pas les vaincus de se gouverner par leurs Loix, 84
— N'acquiert pas de nouvelles forces par les conquêtes de Pompée, 89
— Ses divisions intestines, 90 *& suiv.*
— Excellence de son Gouvernement, en ce qu'il fournissoit les moyens de corriger les abus, 99
— Il dégénere en Anarchie : par quelle raison, 106
— Sa grandeur cause sa ruine, *ibid.*

Ff 3

Rome : N'avoit cessé de s'aggrandir, par quelque forme de Gouvernement qu'elle eût été régie, 109
— Par quelles voies on la peuploit d'Habitans, 155
— Abandonnée par ses Souverains, devient indépendante, 241
— Causes de sa destruction, *ibid.*
Romulus & ses successeurs toujours en guerre avec leurs voisins, 2
— Il adopte l'usage du Bouclier Sabin, 3
Rubicon, fleuve de la Gaule Cisalpine, 123

S

Sabins : leur union avec Rome, 3
— Peuple belliqueux, 12
Saignée : par quelle raison on saignoit les Soldats Romains qui avoient commis quelque faute, 20
Salvien réfute la Lettre de Symmaque, 231
Samnites, Peuple le plus belliqueux de toute l'Italie, 14
— Alliés de Pyrrhus, 32
— Auxiliaires des Romains contre les Carthaginois & contre les Gaulois, 36
— Accoutumés à la domination Romaine, 37
Schisme entre l'Eglise Latine & la Grecque, 291
Scipion Emilien : comment il traite ses Soldats, après la défaite près Numance, 19
Scipion enleve aux Carthaginois leur Cavalerie Numide, 40

DES MATIERES.

Scythie : état de cette contrée, lors des invasions de ses Peuples dans l'Empire Romain, 236

Se'jan, favori de Tibere, 161 & 187

Se'leucus, fondateur de l'Empire de Syrie, 58

Sénat Romain, avoit la direction des affaires, 34
— Sa maxime constante, de ne jamais composer avec l'Ennemi, qu'il ne fût sorti des Etats de la République, 44
— Sa fermeté après la défaite de Cannes: sa conduite singuliere, à l'égard de Terentius Varron, 45
— Sa profonde politique, 66
— Sa conduite avec le Peuple, 93
— Son avilissement, 131
— Après la mort de César, confirme tous les actes qu'il avoit faits, 135
— Accorde l'amnistie à ses meurtriers, 136
— Sa basse servitude sous Tibere : causes de cette servitude, 161
— Quel parti Tibere en tire, 176
— Ne peut se relever de son abaissement, 177

Serment : les Romains en étoient religieux observateurs, 8 & 110
— Les Grecs ne l'étoient point du tout, 110
— Les Romains devinrent par la suite moins exacts sur cet article, 111

Severe (L'Empereur) défait Niger & Albin, ses compétiteurs à l'Empire, 186
— Gouverné par Plautien, son favori, 187
— Ne peut prendre la Ville d'Atra en Arabie : pourquoi, 189

Ff 4

SEVERE ; Amasse des trésors immenses : par quelles voies, 191
— Laisse tomber dans le relâchement la Discipline militaire, 196
Soldats : pourquoi la fatigue les fait périr, 17
— Ce qu'une Nation en fournit à présent ; ce qu'elle en fournissoit autrefois, 25
Stoïcisme, favorisoit le Suicide chez les Romains, 142
— En quel temps il fit plus de progrès parmi eux, 184
Suffrages : à Rome, se recueilloient ordinairement par Tribus, 98
Suicide, raisons qui en faisoient chez les Romains une action héroïque, 143
SYLLA exerce ses Soldats à des travaux pénibles, 20
— Vainqueur de Mithridate, 88
— Porte une atteinte irréparable à la liberté Romaine, 115 *& suiv.*
— Est le premier qui soit entré en armes dans Rome, 116
— Fut l'inventeur des Proscriptions, *ibid.*
— Abdique volontairement la Dictature, 115 & 117
— Paralléle de Sylla avec Auguste, 152
SYLVIUS (LATINUS) fondateur des Villes Latines, 12
SYMMAQUE : Sa Lettre aux Empereurs, au sujet de l'Autel de la Victoire, 229
Syrie : pouvoir & étendue de cet Empire, 58
— Les Rois de Syrie ambitionnent l'Egypte, 59
— Mœurs & dispositions des Peuples, 60
— Luxe & mollesse de la Cour, 61

DES MATIERES. 345

T

Tarentins, Peuple oisif & voluptueux, 12
— Descendus des Lacédémoniens, 31
Tarquin : comment il monte sur le Trône; comment il régne, 4
— Son fils viole Lucréce; suites de cet attentat, 5
— Prince plus estimable, qu'on ne croit communément, 6
Tartares (Un Peuple de) arrête les progrès des Romains, 268
Terres des vaincus, confisquées par les Romains au profit du Peuple, 9
— Cessation de cet usage, 14
— Partage égal des Terres chez les anciennes Républiques, 25
— Comment, par succession de temps, elles retomboient dans les mains de peu de personnes, 26
— Ce partage rétablit la République de Sparte, déchue de son ancienne puissance, 28
— Ce même moyen tire Rome de son abaissement, 29
Tesin (Journée du) malheureuse pour les Romains, 44
Théodora (L'Impératrice) rétablit le culte des Images, détruit par les Iconoclastes, 275
Théodose le jeune (L'Empereur) : avec quelle insolence Attila en parle, 231. 232
Théologiens, incapables d'accorder jamais leurs différends, 281
Thessaliens, asservis par les Macédoniens, 52.

Thrasimene (Bataille de) perdue par les Romains, 44

TIBERE (L'Empereur) étend la puissance Souveraine, 159
— Soupçonneux & défiant, *ibid.*
— Sous son Empire, le Sénat tombe dans un état de bassesse qu'on ne sçauroit exprimer, 161
— Il ôte au Peuple le droit d'élire les Magistrats, pour le transporter à lui-même, 262
— S'il faut imputer à Tibere l'avilissement du Sénat, 163

TITE (L'Empereur) fait les délices du Peuple Romain, 179

TITE-LIVE : critique de l'Auteur sur la façon dont cet Historien fait parler Annibal, 48

Toscans, Peuple amolli par les richesses & le luxe, 12

TRAJAN (L'Empereur) le Prince le plus accompli dont l'Histoire ait jamais parlé, 179
— Portait de ce Prince : il fait la guerre aux Parthes, 180

Traité dès-honorant, n'est jamais excusable, 62

Trébies (Bataille de) perdue par les Romains, 44

Trésors amassés par les Princes, funestes à leurs successeurs : pourquoi, 191
— Trésors des Ptolomées apportés à Rome : effets qu'ils y produisirent, 209

Tribuns : leur création, 93
— Empereurs revêtus de la puissance des Tribuns, 164

Tribus : division du Peuple par Tribus, 98

Tributs : Rome en est déchargée, 194

DES MATIERES.

Tributs : Ils sont rétablis, 195
— ne deviennent jamais plus nécessaires, que quand un Etat s'affoiblit, 227
— Portés par les Empereurs à un excès intolérable, *ibid.*
Trinité (Par allusion à la) les Grecs se mirent en tête qu'ils devoient avoir trois Empereurs, 270
Triomphe : son origine : combien il influe sur l'accroissement des grandeurs Romaines, 3
— A quel titre il s'accordoit, 9
— L'usage du Triomphe aboli sous Auguste : par quelle raison, 153
Triumvirat (premier) 121
———— (second) 141
Tullius (Servius) comparé à Henry VII, Roi d'Angleterre, 6
— Cimente l'union des Villes Latines avec Rome, 12
— Divise le Peuple Romain par Centuries, 98
Turcs : leur Empire à peu près aussi foible à présent qu'étoit celui des Grecs, 289
— De quelle maniere ils conquirent la Perse, 290
— Repoussés jusqu'à l'Euphrate par les Empereurs Grecs, 292
— Comment ils faisoient la guerre aux Grecs, & par quels motifs, 296. 297
— Eteignent l'Empire d'Orient, 298
Tyrans (Meurtre des) passoit pour une action vertueuse dans les Républiques de Gréce & d'Italie, 133
— Quel étoit leur sort à Rome, 197
Tyrannie : la plus cruelle est celle qui s'exerce à l'ombre des Loix, 160

V

Vaisseaux, Rhodiens, autrefois les plus estimés, 24
— Autrefois ne faisoient que côtoyer les terres, 40
— Depuis l'invention de la Boussole, ils voguent en pleine mer, 41
Valens (L'Empereur) ouvre le Danube : suite de cet événement, 213. 214
— Reçoit les Goths dans l'Empire, 215
— Victime de son imprudente facilité, 217
Valentinien fortifie les bords du Rhin, 213
— Essuye une Guerre de la part des Allemands, 218
Valerien (L'Emp.) pris par les Perses, 202
Varron (Terentius) : sa fuite honteuse, 45
Veïes (Siége de) 13
Vélites : ce que c'étoit que cette sorte de Troupe, 23
Verds & Bleus : Factions qui divisoient l'Empire d'Orient, 251
— Justinien se déclare contre les Verds, 252
Vespasien (L'Empereur) travaille pendant son Régne à rétablir l'Empire, 179
Vitellius ne tient l'Empire que peu de temps, 178
Union d'un Corps politique : en quoi elle consiste, 107
Volsques, Peuple belliqueux, 12

Z

Zama (Bataille de) gagnée par les Romains contre les Carthaginois, 40
Zenon (L'Empereur) persuade Théodoric d'attaquer l'Italie, 238

Fin de la Table des Matieres.

DIALOGUE
DE SYLLA
ET D'EUCRATE.

DIALOGUE
DE SYLLA
ET D'EUCRATE.

QUELQUES jours après que Sylla se fût démis de la Dictature, j'appris que la réputation que j'avois parmi les Philosophes lui faisoit souhaiter de me voir. Il étoit à sa maison de Tibur, où il jouissoit des premiers momens tranquilles de sa vie. Je ne sentis point devant lui le désordre où nous jette ordinairement la présence des grands hommes. Et dès que nous fumes seuls: SYLLA, lui dis-je, vous vous êtes donc mis vous-même dans cet état de médiocrité qui afflige presque tous les humains? Vous avez renoncé à cet Empire que votre gloire & vos vertus vous donnoient sur tous les hommes ? La Fortune semble être gênée de ne plus vous élever aux honneurs.

Eucrate, me dit-il, si je ne suis plus en spectacle à l'Univers, c'est la faute des choses humaines qui ont des bornes, & non pas la mienne. J'ai cru avoir rempli ma destinée, dès que je n'ai plus eu à faire de grandes choses. Je n'étois point fait pour gouverner tranquillement un Peuple esclave. J'aime à remporter des victoires, à fonder ou détruire des Etats, à faire des ligues, à punir un Usurpateur : Mais pour ces minces détails de gouvernement où les génies médiocres ont tant d'avantages, cette lente exécution des loix, cette discipline d'une Milice tranquille, mon ame ne sçauroit s'en occuper.

Il est singulier, lui dis-je, que vous ayez porté tant de délicatesse dans l'ambition. Nous avons bien vu de grands hommes peu touchés du vain éclat & de la pompe qui entourent ceux qui gouvernent : mais il y en a bien peu qui n'aient été sensibles au plaisir de gouverner, & de faire rendre à leur fantaisie le respect qui n'est dû qu'aux Loix. Et

Et moi, me dit-il, Eucrate, je n'ai jamais été si peu content que lorsque je me suis vu maître absolu dans Rome ; que j'ai regardé autour de moi, & que je n'ai trouvé ni rivaux ni ennemis.

J'ai cru qu'on diroit quelque jour que je n'avois châtié que des Esclaves. Veux-tu, me suis-je dit, que dans ta Patrie il n'y ait plus d'hommes qui puissent être touchés de ta gloire ? Et puisque tu établis la Tyrannie, ne vois-tu pas bien qu'il n'y aura point après toi de Prince si lâche que la flaterie ne t'égale, & ne pare de ton nom, de tes titres, & de tes vertus même ?

Seigneur, vous changez toutes mes idées, de la façon dont je vous vois agir. Je croyois que vous aviez de l'ambition, mais aucun amour pour la gloire : je voyois bien que votre ame étoit haute ; mais je ne soupçonnois pas qu'elle fût grande : tout dans votre vie sembloit me montrer un homme dévoré du desir de commander, & qui, plein des plus funestes passions, se chargeoit avec plaisir de la honte, des remords & de la baſſeſſe même attachés à la Tyrannie. Car enfin, vous avez tout ſacrifié à votre puiſſance ; vous vous êtes rendu redoutable à tous les Romains ; vous avez exercé ſans pitié les fonctions de la plus terrible Magiſtrature qui fût jamais. Le Sénat ne vit qu'en tremblant un Défenſeur ſi impitoyable. Quelqu'un vous dit : Sylla, juſqu'à quand répandras-tu le ſang Romain ? Veux-tu ne commander qu'à des murailles ? Pour lors vous publiates ces Tables qui déciderent de la vie & de la mort de chaque Citoyen.

ET c'eſt tout le ſang que j'ai verſé qui m'a mis en état de faire la plus grande de toutes mes actions. Si j'avois gouverné les Romains avec douceur, quelle merveille, que l'ennui, que le dégoût, qu'un caprice m'euſſent fait quitter le gouvernement ! Mais je me ſuis démis de la Dictature dans le temps qu'il n'y avoit pas un ſeul homme dans l'Univers qui ne crût que la Dictature étoit mon ſeul aſyle. J'ai paru devant les Romains, Citoyen au milieu de mes Citoyens ; & j'ai oſé leur dire : Je ſuis prêt à rendre compte de tout le sang que j'ai versé pour la République ; je répondrai à tous ceux qui viendront me demander leur pere, leur fils, ou leur frere. Tous les Romains se sont tus devant moi.

CETTE belle action dont vous me parlez me paroît bien imprudente. Il est vrai que vous avez eu pour vous le nouvel étonnement dans lequel vous avez mis les Romains. Mais comment osâtes-vous leur parler de vous justifier, & de prendre pour Juges des gens qui vous devoient tant de vengeances ?

Quand toutes vos actions n'auroient été que séveres pendant que vous étiez le maître, elles devenoient des crimes affreux dès que vous ne l'étiez plus.

VOUS appellez des crimes, me dit-il, ce qui a fait le salut de la République ? Vouliez-vous que je visse tranquillement des Sénateurs trahir le Sénat, pour ce Peuple, qui, s'imaginant que la liberté doit être aussi extrême que le peut être l'esclavage, cherchoit à abolir la Magistrature même ?

Le Peuple, gêné par les loix & par la gravité du Sénat, a toujours travaillé à renverser l'un & l'autre. Mais celui qui est assez ambitieux pour le servir contre le Sénat & les Loix, le fut toujours assez pour devenir son maître. C'est ainsi que nous avons vu finir tant de Républiques dans la Gréce & dans l'Italie.

Pour prévenir un pareil malheur, le Sénat a toujours été obligé d'occuper à la guerre ce Peuple indocile. Il a été forcé, malgré lui, à ravager la terre, & à soumettre tant de Nations dont l'obéïssance nous pése. A présent que l'Univers n'a plus d'ennemis à nous donner, quel seroit le destin de la République? Et sans moi le Sénat auroit-il pu empêcher que le Peuple, dans sa fureur aveugle pour la liberté, ne se livrât lui-même à Marius, ou au premier Tyran qui lui auroit fait espérer l'indépendance?

Les Dieux, qui ont donné à la plupart des hommes une lâche ambition, ont attaché à la liberté presqu'autant de malheurs qu'à la servitude. Mais quel que doive être le prix de cette noble liberté, il faut bien le payer aux Dieux.

La Mer engloutit les Vaisseaux, elle submerge des pays entiers; & elle est pourtant utile aux humains.

La postérité jugera ce que Rome n'a pas encore osé examiner : elle trouvera peut-être que je n'ai pas versé assez de sang, & que tous les partisans de Marius n'ont pas été proscripts.

Il faut que je vous l'avoue ; Sylla, vous m'étonnez. Quoi ! c'est pour le bien de votre Patrie que vous avez versé tant de sang ? & vous avez eu de l'attachement pour elle ?

Eucrate, me dit-il, je n'eus jamais cet amour dominant pour la Patrie, dont nous trouvons tant d'exemples dans les premiers temps de la République : & j'aime autant Coriolan qui porte la flamme & le fer jusqu'aux murailles de sa Ville ingrate, qui fait repentir chaque Citoyen de l'affront que lui a fait chaque Citoyen, que celui qui chassa les Gaulois du Capitole. Je ne me suis jamais piqué d'être l'esclave ni l'idolâtre de la Société de mes pareils : & cet amour tant vanté est une passion trop populaire, pour être compatible avec la hauteur de mon ame.

Je me suis uniquement conduit par mes réflexions, & surtout par le mépris que j'ai eu pour les hommes. On peut juger, par la maniere dont j'ai traité le seul grand Peuple de l'Univers, de l'excès de ce mépris pour tous les autres.

J'ai cru qu'étant sur la terre, il falloit que j'y fusse libre. Si j'étois né chez les Barbares, j'aurois moins cherché à usurper le Trône pour commander, que pour ne pas obéir. Né dans une République, j'ai obtenu la gloire des Conquérans, en ne cherchant que celle des hommes libres.

Lorsqu'avec mes Soldats je suis entré dans Rome, je ne respirois ni la fureur, ni la vengeance. J'ai jugé sans haine, mais aussi sans pitié, les Romains étonnés. Vous étiez libres, ai-je dit; & vous vouliez vivre esclaves. Non. Mais mourez; & vous aurez l'avantage de mourir Citoyens d'une Ville libre.

J'ai cru qu'ôter la liberté à une Ville dont j'étois Citoyen, étoit le plus grand des crimes. J'ai puni ce crime-là: & je ne me suis point embarrassé si je ferois le bon ou le mauvais génie de la République. Cependant le Gouvernement de nos Peres a été rétabli; le Peuple a expié tous les affronts qu'il avoit faits aux Nobles: la crainte a suspendu les jalousies; & Rome n'a jamais été si tranquille.

Vous voilà instruit de ce qui m'a déterminé à toutes les sanglantes Tragédies que vous avez vues. Si j'avois vécu dans ces jours heureux de la République, où les Citoyens, tranquilles dans leurs maisons, y rendoient aux Dieux une ame libre, vous m'auriez vu passer ma vie dans cette retraite, que je n'ai obtenue que par tant de sang & de sueur.

SEIGNEUR, lui dis-je, il est heureux que le Ciel ait épargné au genre humain le nombre des hommes tels que vous: Nés pour la médiocrité, nous sommes accablés par les esprits sublimes. Pour qu'un homme soit au-dessus de l'humanité, il en coûte trop cher à tous les autres.

Vous avez regardé l'ambition des Héros comme une passion commune; & vous n'avez fait casque de l'ambition qui raisonne. Le desir insatiable de dominer, que vous avez trouvé dans le cœur de quelques Citoyens, vous a fait prendre la résolution d'être un homme extraordinaire : l'amour de votre liberté vous a fait prendre celle d'être terrible & cruel. Qui diroit qu'un Héroïsme de principe, eût été plus funeste qu'un Héroïsme d'impétuosité ? Mais si, pour vous empêcher d'être esclave, il vous a fallu usurper la Dictature, comment avez-vous osé la rendre ? Le Peuple Romain, dites-vous, vous a vu désarmé, & n'a point attenté sur votre vie. C'est un danger auquel vous avez échapé ; un plus grand danger peut vous attendre. Il peut vous arriver de voir quelque jour un grand criminel jouir de votre modération, & vous confondre dans la foule d'un Peuple soumis.

J'ay un nom, me dit-il ; & il me suffit pour ma sûreté & celle du Peuple Romain. Ce nom arrête toutes les entreprises ; & il n'y a point d'ambition qui n'en soit épouvantée. Sylla respire ; & son Génie est plus puissant que celui de tous les Romains. Sylla a autour

tour de lui Chéronée, Orchoméne & Signion ; Sylla a donné à chaque famille de Rome un exemple domestique & terrible : Chaque Romain m'aura toujours devant les yeux, & dans ses songes même je lui apparoîtrai couvert de sang ; il croira voir les funestes Tables, & lire son nom à la tête des Proscripts. On murmure en secret contre mes Loix ; mais elles ne seront pas effacées par des flots même de sang Romain. Ne suis-je pas au milieu de Rome ? Vous trouverez encore chez moi le javelot que j'avois à Orchoméne, & le bouclier que je portai sur les murailles d'Athênes. Parce que je n'ai point de Licteurs, en suis-je moins Sylla ? J'ai pour moi le Sénat, avec la Justice & les Loix ; le Sénat a pour lui mon génie, ma fortune & ma gloire.

J'avoue, lui dis-je, que, quand on a une fois fait trembler quelqu'un, on conserve presque toujours quelque chose de l'avantage qu'on a pris.

Sans doute, me dit-il. J'ai étonné les hommes ; & c'est beaucoup. Repassez dans votre mémoire l'histoire de ma vie : vous verrez que j'ai tout tiré de ce principe, & qu'il a été l'ame de toutes mes actions. Ressouvenez-vous de mes démêlés avec Marius : Je fus indigné de voir un homme sans nom, fier de la bassesse de sa naissance, entreprendre de ramener les premieres Familles de Rome dans la foule du Peuple : & dans cette situation, je portois tout le poids d'une grande ame. J'étois jeune, & je me résolus de me mettre en état de demander compte à Marius de ses mépris. Pour cela, je l'attaquai avec ses propres armes, c'est-à-dire, par des victoires contre les Ennemis de la République.

Lorsque, par le caprice du sort, je fus obligé de sortir de Rome, je me conduisis de même : J'allai faire la guerre à Mithridate ; & je crus détruire Marius, à force de vaincre l'Ennemi de Marius. Pendant que je laissai ce Romain jouir de son pouvoir sur la Populace, je multipliois ses mortifications ; & je le forçois tous les jours d'aller au Capitole rendre graces aux Dieux des succès dont je le désespérois. Je lui faisois une guerre de réputation, plus cruelle cent fois que celle que mes Légions faisoient au Roi Barbare. Il ne sortoit pas un seul mot de ma bouche, qui ne marquât mon audace ; & mes moindres actions, toujours superbes, étoient pour Marius de funestes présages. Enfin Mithridate demanda la paix ; les conditions étoient raisonnables : & si Rome avoit été tranquille, ou si ma fortune n'avoit pas été chancelante, je les aurois acceptées. Mais le mauvais état de mes affaires m'obligea de les rendre plus dures ; j'exigeai qu'il détruisît sa Flotte, & qu'il rendît aux Rois ses voisins tous les Etats dont il les avoit dépouillés. Je te laisse, lui dis-je, le Royaume de tes Peres, à toi qui devrois me remercier de ce que je te laisse la main avec laquelle tu as signé l'ordre de faire mourir en un jour cent mille Romains. Mithridate resta immobile ; & Marius, au milieu de Rome, en trembla.

Cette même audace, qui m'a si bien servi contre Mithridate, contre Marius, contre son fils, contre Thelesinus, contre le Peuple, qui a soutenu toute ma Dictature, a aussi défendu ma vie le jour que je l'ai quittée : & ce jour affûre ma liberté pour jamais.

SEIGNEUR, lui dis-je, Marius raifonnoit comme vous, lorfque, couvert du fang de fes Ennemis & de celui des Romains, il montroit cette audace que vous avez punie. Vous avez bien pour vous quelques victoires de plus, & de plus grands excès. Mais, en prenant la Dictature, vous avez donné l'exemple du crime que vous avez puni. Voilà l'exemple qui fera fuivi ; & non pas celui d'une modération qu'on ne fera qu'admirer.

Quand les Dieux ont fouffert que Sylla fe foit impunément fait Dictateur dans Rome, ils y ont profcript la liberté pour jamais. Il faudroit qu'ils fiffent trop de miracles, pour arracher à préfent du cœur de tous les Capitaines Romains l'ambition de régner. Vous leur avez appris qu'il y avoit une voie bien plus sûre pour aller à la Tyrannie, & la garder fans péril. Vous avez divulgé ce fatal fecret, & ôté ce qui fait feul les bons Citoyens d'une République trop riche & trop grande, le défespoir de pouvoir l'opprimer.

IL CHANGEA de visage, & se tut un moment. Je ne crains, me dit-il avec émotion, qu'un Homme, dans lequel je crois voir plusieurs Marius. Le hazard, ou bien un destin plus fort, me l'a fait épargner. Je le regarde sans cesse; j'étudie son ame : il y cache des desseins profonds. Mais, s'il ose jamais former celui de commander à des hommes que j'ai faits mes égaux, je jure par les Dieux que je punirai son insolence.

APPROBATION.

J'Ay lu, par ordre de Monseigneur le Chancelier, l'Ouvrage intitulé, *Considérations sur les causes de la Grandeur des Romains & de leur Décadence*, avec des *Augmentations*, dans lesquelles je n'ai rien trouvé qui ne soit digne de la réputation de ce Livre & de celle de l'Auteur. Fait à Versailles, ce 12 Août 1747. *Signé*, DEMONCRIF.

PRIVILEGE DU ROI.

LOUIS, par la grace de Dieu, Roi de France & de Navarre: A nos amés & feaux Conseillers, les Gens tenans nos Cours de Parlement, Maîtres des Requêtes ordinaires de notre Hôtel, Grand Conseil, Prevôt de Paris, Baillifs, Sénéchaux, leurs Lieutenans Civils, & autres nos Justiciers qu'il appartiendra, SALUT: Notre bien amé PIERRE-MICHEL HUART, Imprimeur-Libraire de notre trés-cher fils le Dauphin de France, & ancien Adjoint de sa Communauté, Nous a fait exposer qu'il désireroit faire imprimer & donner au Public un Ouvrage qui a pour titre: *Considérations sur les causes de la Grandeur des Romains & de leur Décadence, avec des Augmentations*, s'il Nous plaisoit lui accorder nos Lettres de Privilége pour ce nécessaires. A CES CAUSES, voulant favorablement traiter l'Exposant, Nous lui avons permis & permettons par ces Présentes de faire imprimer ledit Ouvrage en un ou plusieurs Volumes, & autant de fois que bon lui semblera, & de le vendre, faire vendre, & débiter par tout notre Royaume, pendant le tems de neuf années consécutives, à compter du jour de la date des Présentes; faisons défenses à toutes personnes de quelque qualité & condition qu'elles soient, d'en introduire d'impression étrangere dans aucun lieu de notre obéissance; comme aussi à tous Libraires & Imprimeurs, d'imprimer, faire imprimer, vendre, faire vendre, débiter, ni contrefaire ledit Ouvrage, ni d'en faire aucuns Extraits, sous quelque prétexte que ce soit, d'augmentation, correction, changemens, ou autres, sans la permission expresse & par écrit dudit Exposant, ou de ceux qui auront droit de lui, à peine de confiscation des Exemplaires contrefaits, de 3000 liv. d'amende contre chacun des contrevenans, dont un tiers à Nous, un tiers à l'Hôtel-Dieu de Paris, l'autre tiers audit Exposant, & de tous dépens, dommages & intérêts. A la charge que ces Présentes seront enregistrées tout au long sur le Registre de la Communauté des Libraires & Imprimeurs de Paris, dans trois mois de la date d'icelles; que l'impression de cet Ouvrage sera faite dans notre Royaume, & non ailleurs, en bon papier & beau caractere, conformément à la feuille imprimée & attachée pour modéle sous le contre-scel des Présentes; que l'Impétrant se conformera en tout aux Réglemens de la Librairie, & notamment à celui du 10 Avril 1725; & qu'avant de les exposer en vente, le Manuscrit qui aura servi de copie à l'impression sera remis dans le même état où l'Approbation y aura été donnée ès mains de notre très-cher & féal Chevalier le sieur Daguesseau, Chancelier de France, Commandeur de nos Ordres, & qu'il en sera ensuite remis deux Exemplaires dans notre Bibliotheque publique, un dans celle de notre Château du Louvre, & un dans celle de notredit très-cher & féal Chevalier le sieur Daguesseau, Chancelier de France, le tout à peine de nullité des présentes. Du contenu desquelles vous mandons & enjoignons de faire joüir ledit Exposant ou ses ayant cause, pleinement & paisiblement, sans souffrir qu'il leur soit fait aucuns troubles ou empêchemens. Voulons que la copie desdites Présentes qui sera imprimée tout au long au commencement ou à la fin dudit Ouvrage, soit tenue pour duement signifiée, & qu'aux copies collationnées par l'un de nos amés & féaux Conseillers & Sécrétaires, foi soit ajoutée comme à l'original. Commandons au premier notre Huissier ou Sergent sur ce requis, de faire pour l'exécution d'icelles tous Actes requis & nécessaires, sans demander autre permission, & nonobstant clameur de Haro, Chartre Normande, & Lettres à ce contraires : CAR tel est notre plaisir. DONNÉ à Paris le 20 jour du mois de Septembre, l'an de grace 1747, & de notre Regne le trente-troisiéme. Par le Roi en son Conseil.

SAINSON.

Je reconnois avoir fait part du présent Privilége à Monsieur GUILLYN pour un tiers, & à Messieurs DAVID l'aîné & DURAND, chacun pour un sixiéme ; m'en réservant un tiers. A Paris, ce vingt-cinq Septembre mil sept cent quarante-sept.

Signé, HUART.

Registré ensemble la Cession sur le Registre 11 de la Chambre Royale des Libraires & Imprimeurs de Paris, N°. 847, fol. 740, conformément aux anciens Réglemens confirmés par celui du 28 Fevrier 1723. A Paris le 6 Octobre 1747.

Signé, CAVELIER, *Syndic.*

De l'Imprimerie de J. CHARDON. 1748.

www.ingramcontent.com/pod-product-compliance
Lightning Source LLC
Chambersburg PA
CBHW070456170426
43201CB00010B/1357